三毛

我需要最狂的风，和最静的海

张其姝 著

中国出版集团 现代出版社

图书在版编目（CIP）数据

三毛：我需要最狂的风，和最静的海 / 张其姝著.
-- 北京：现代出版社, 2018.5

ISBN 978-7-5143-7028-7

Ⅰ.①三… Ⅱ.①张… Ⅲ.①三毛（1943-1991）-
传记 Ⅳ.①K825.6

中国版本图书馆CIP数据核字(2018)第078102号

著　　者　张其姝
责任编辑　杨学庆
出版发行　现代出版社
通讯地址　北京市安定门外安华里504号
邮政编码　100011
电　　话　010-64267325 64245264（传真）
网　　址　www.1980xd.com
电子邮箱　xiandai@cnpitc.com.cn
印　　刷　三河市嵩川印刷有限公司
开　　本　880mm × 1230mm 1/32
印　　张　7.5
版次印次　2018年10月第1版　2018年10月第1次印刷
标准书号　ISBN 978-7-5143-7028-7
定　　价　39.80元

目 录

序：梦里花落知多少

很少有人用花来形容三毛。

她怎么会是花呢，不柔媚，不娇艳，不倾城，李敖就曾经不以为然地说："如果三毛是个美人，也许她可以有不断的风流余韵传世，因为这是美人的特权，但三毛显然不是，她美丽的爱情故事，是她真人不胜负荷的。"

话有点刻薄，也有点直男癌，但三毛确实不算美人，这是公认的事实。她更像一株仙人掌，恣意而热烈，在寸草不生的荒漠里，生机盎然。

可是，我喜欢把三毛比喻为花，花的美在色，她的美在韵，同样惑人，万人丛中一握手，使我衣袖三年香。或在小小的庭院，或在落雪的异域他乡，或在空寂的原野和水的两岸，或在遥远的撒哈拉，她自得其乐，开了，谢了，舒卷任天真。

桃花明媚，桂子无声，海棠幽怨。

菡萏最冷，山桐最清，柳絮最恨。

三毛：我需要最狂的风，和最静的海

三毛，在这个传奇女子的身上，你可以捕捉到各种美，惊心动魄。

她是流浪的。

她自闭时，是一株爬山虎，长在故乡院落里背阴的墙壁，沉默如深绿，走不开，躲不掉，却一点点地向上爬，追逐自由的空气和阳光；

她灿烂时，笑起来无人能抵抗，是一树清正飞扬的桃花，行走在西班牙的街头，嫣红深浅，迷了看花人的眼；

她在爱情里，是桐花万里，满山满路，经年复经年，等待一只命中的凤，非此花不栖，非此地不息；

她在婚姻里，是清水芙蓉，再深厚的淤泥，也洗不掉她的香气，仓皇和动乱里也能开出花，亭亭净植；

她是失意的柳絮，随风飘零，走了一程又一程；

她是含蓄的丁香，暗暗地爱着人，做着梦，迷茫而悠长；

或许，对三毛而言，这一生乐事，就好似春来花开，满树棠梨，胜过雪色与月色；这一生悲辛，就好似风过花落，莲子心苦，只剩残荷兼冷雨。

她不用谁懂，也不用谁做伴。她为自己开花。

很多人读过三毛，很多人写过三毛。

内敛的少女，敏感如含羞草，性格古怪，又严重偏科，在被老师羞辱后，她患上抑郁症，不得不休学。家人对这个女儿又爱又无奈，他们安排她接受心理治疗，又安排老师在家教授她绘画与艺术，她很喜欢，也喜欢那个授课老师。

十六岁的她开始恋爱，初恋失败后，她出国留学，在异乡渐渐成长为一个有魅力的女人。她爱过很多人，也被很多人爱，最后嫁给了荷西，他们搬到了撒哈拉沙漠。她总觉得那片荒漠埋着她的前世。在那里，她白手起家，一点点地布置出了两个人的伊甸园。

这段经历在《撒哈拉的故事》里被详细记录，三毛本人也是一讲再讲，这大概是她最幸福的时刻，也是让所有女人都羡慕的时刻，自由、热烈、奔放、浪漫。

荷西意外过世后，三毛在痛苦中回到故乡。没多久，她再次踏上流浪的旅程，千山万水走遍，最后用一只长筒丝袜结束了自己的生命。

这样的故事堪称传奇。

传奇是用来被记住的，有人唏嘘，有人解读，有人顾影自怜。

不知道是谁说过，世上最幸福的事就是和一个不庸俗的人，做一对世界上最庸俗的情侣。三毛是特别的，她的荷西并不庸俗，她的爱情也不庸俗，有什么比这更具吸引？所以人人都爱三毛，但人人不见得都懂三毛，那种爱是镜花水月的自恋，是叶公好龙的崇拜，是心有余而力不足的羡慕。

过客不识山花好，闻香已是打马过，太匆匆。

愿有看客如你我，为她再作停留，以赏花心，看传奇人。

第一章　东风着意，先上小桃枝

“桃为五木之精，能制百鬼，乃仙品也。随处有之。枝干扶疏，叶狭而长，二月开花，有红、白、粉红、深红之殊。它如单瓣大红、千瓣粉红、千瓣白之变，烂漫芳菲，其色甚媚。”

桃花喜光，鲜美丰润，其华灼灼。

你见过早春的桃花吗？春风不紧不慢地赶来，叩响一树又一树的沉梦，它在枝头醒了，睡眼惺忪，露出一点羞怯的红。

和一夜绿遍江南岸不同，桃花是谨慎而含蓄的。乡野中，村落里，庭院角落，那一树红零散如星辰，它绝不肯多透露颜色，半遮半掩美人面。

这是独属于小姑娘的娇俏。

第一节　陈家老二

三毛出生于1943年。

这一年，局势动荡。

汪伪政府向英美宣战、宋美龄在美国国会演讲、广州湾被日本人占领……在浩荡的动乱和战争面前，个人就是一只渺小的蚂蚁，或挣扎或呐喊或麻木，随时等着被践踏。

位于嘉陵江畔的重庆，却正是热闹的时候，夜夜笙歌。

在国民党军的节节败退之下，这座美丽的山城成了陪都，军人、政客、企业家、商人、知识分子和流民纷涌而来。

陈家就是其中的一户。

陈嗣庆祖籍浙江，毕业于苏州东吴大学，是个有风骨的读书人，教书为生，后来开了家律师所。他的妻子缪进兰原先是小学老师，辞职在家后，便专心养育儿女，当时大女儿陈田心已经三岁了。

这是个和睦友爱的家庭，尽管背井离乡的迁移让他们疲惫而惊惶，但他们很快再次安顿下来，适应了这座陌生的城，开始新生活。

等燕子衔着立春的节令飞回来，春天又近了。

3月的天不冷不热，草木萌动，风里捎带着江南的烟雨。桃花枝上，一簇又一簇的新红冒了出来，隐藏在红墙白瓦之后。要是谁从门前走过，抬头见了，便会微微一笑，露出些许欣慰。花团锦簇总是让人开心的，况且赶上战火纷飞，这点安稳得来不易，更能让人看到希望。

桃花盛开时，陈家的第二个孩子出生了。

她的眼睛生得最好，黑亮黑亮的，像宋人山水图上那一笔未干的墨点，带着水意。

她还没有日后风尘仆仆的洒脱，没有海藻般飞舞的长发，她的灵魂和身体都是鲜嫩的，就像桃花苞刚刚冒出的粉色，嫩乎乎，软绵绵。

那时，在重庆的黄桷垭流传着这样一则民谣："黄桷垭，黄桷垭，黄桷垭下有个家。生个儿子会打仗，生个女儿写文章。"

陈嗣庆倒没有想过自己的女儿会写文章，他渴望的是现世安稳，所以，他给刚出生的三毛取名"陈懋平"。

懋是宗族辈分，平是岁月静好的祈愿。

命名是神圣而伟大的事，会一语中的地呼应你的灵魂，像树的影子，不迁不移，好似双生。只有准确叫出你名字的人，才能看到你心中的那团火，才能在荒原中带你回家，避免你淹没于岁月的尘埃和路人甲里。

陈懋平，这个名字在舌尖打转时，就有种稳稳的妥帖。

年幼的三毛似乎并不明白父亲的苦心。她不喜欢“懋”字，嫌它笔画太多，擅自将名字改为了陈平。

陈嗣庆夫妇不是没有呵责过，但那个小小的人儿我行我素，他们只能妥协。

中国人历来重视宗族与传承，在礼教严苛的过去，女孩子甚至没有资格和男性一样论资排辈。但三毛并不觉得这是荣誉，她只觉得烦琐，避之唯恐不及。

或许那些有故事的女子，生来就是不平凡的，比如张爱玲在入读小学六年级时，就主动改掉了“张瑛”的旧名，因为她嫌俗气。

三毛也是这副自作主张的脾性，她毫不犹豫地扔掉了父亲精心赋予的“懋”字，就像后来义无反顾地扔掉世俗的枷锁，走上漫长的流浪之路。

有一年，她又称呼自己为Echo，她对家人解释：“这是符号，不是崇洋。”什么是符号？家人不懂，也不能理解。

都说三岁看老，三毛的早慧让她与同龄人格格不入，仿佛异类，不能相交。所以在她此后的人生里，尽管朋友遍布天下，但她几乎没有真正的知己，总是栖栖彷徨着，苦于不被理解。

在陈家的院宅附近，有一座荒废的坟，平时没什么人去，小孩子们也不敢靠近，但三毛却不怕，她总是一个人去坟边玩泥巴。她不跟别的孩子玩，或许是内向，或许是不愿意，总之，她特别独立，也很冷淡，完全不像懵懂的孩童。

也许，三毛已经敏锐地察觉到了自己的不同，她的早慧、她的警觉、她异于常人的脾性，或许她还说不清，但她知道自己有别于那些天真而混沌的同伴。天才本来就是孤独的，在暗夜里一个人前行，幸好三毛没有把自己当成潜伏的怪兽，而是隐隐地兴奋着，她要做自己，而不是变成普通人。

这种觉悟是来自天分的自恋。

这就好比她幼年时坐在自家的院子里，有只小巧的雀儿飞了下来，落在她不远处的地面，而后栖在她肩膀上。那是暮春或者盛夏，天幕是烟紫色的，烧着一点余霞，满目杂花生树，她在树影里，冷不防地撞见了这样一只麻雀。

她没有动，它也没有即刻飞走。她是欢喜而得意的，又想大声炫耀，可是她无法向任何一个人描述这幕情景，那种不期而至的欢喜和拥有，只能是她一个人的秘密，或许谁也不会相信和感同身受。

第一章　东风着意，先上小桃枝

三毛和姐姐陈田心关系很好。炎热的夏天，她们最爱吃一种叫马头牌的棒冰，三毛那时在读幼儿园，她突发奇想，希望能把冬天的雪制成棒冰，留着夏天吃，于是两人用铁罐装了雪，埋在地下。等到来年，小姑娘们挖出铁罐，雪早就化了，罐子生出斑驳的锈迹。

即使是这样两小无猜的亲近，陈田心也并不十分了解这个妹妹，她聪明而古怪。陈家过年时会杀羊，小孩子总是躲着，而三毛却总是表现出莫大的兴趣，她从头到尾地盯着，目睹那一场鲜血淋漓的屠杀，丝毫没有害怕和惊悚，脸上带着一种满意的表情。

这是一次和死亡的友好会晤，或许年幼的三毛还不能理解其中深意，但她骨子里就表现出坦然，这种坦然在旁人看来就是“古怪”。

三毛身上有太多的“古怪”，因此，陈嗣庆夫妇对她格外上心。他们有十足的耐心，面对女儿种种的不合情理与出人意料，他们都选择了默默包容。

这世上至亲至疏的，大概就是父母和儿女的关系。一方辛苦育人，衣食住行，柴米油盐，样样都是亲力亲为的操心；一方汲取骨血和滋养，渐渐地长大成人，羽翼丰满，追逐更高更广的天地。

作为父母，陈嗣庆夫妇既伟大又心酸，他们养出了一个天才，却又始终不曾彻底理解过这个天才。

他们不知三毛的心思，三毛不懂他们的苦衷。

她曾经抱怨："老二就像夹心饼干，父母看见的都是上下那两块，夹在中间的其实可口，但是不容易受注意，所以常常会蹦出来捣蛋，以求关爱。"陈嗣庆后来回忆，三毛一直都抱着这样的误会，以为自己备受冷漠。

其实，她几乎夺走了父母全部的关注，因为她实在太能折腾。

在重庆，每户人家的厨房里都会有个大水缸，那是禁止小孩靠近的，防止发生意外。三毛是从来不听话的，有一天，陈嗣庆夫妇正在吃饭，突然听到了激烈的打水声，大为惊讶，等发现三毛不在桌子上，他们立刻冲到了水缸边。这时的三毛已经一头栽进了水里，双脚朝上，正拼命地挣扎着。

水缸很深，她年纪小，个头矮，为了呼救，她竟然用双手撑着缸底，让自己高了一点，这样才让小脚打到水面发出声音。陈嗣庆夫妇慌忙地将她揪出来，他们惊魂未定，而三毛不哭也不闹，只是吐出一口水，淡定地说："感谢耶稣基督。"

她还那么小，却已经懂得自救，已经对生命有了虔诚的信仰。

第一章　东风着意，先上小桃枝

多智近妖，过慧易折，陈嗣庆夫妇始终为这个老二担心着。

1945年，陈嗣庆夫妇带着两个女儿搬到了南京。

南京是个好地方，柳明莺啼，风暖日香，有灯火不息的秦淮河，有一颗颗漂亮的雨花石，有更明媚的桃花。

陈家的新住宅位于鼓楼头条巷四号，是一栋独立的带阁楼的两层小洋楼。如今，那栋楼早就倾颓在时间的长河里，但三毛始终记得，“那个房子是独栋的，成为一个回字形。有围墙，不算太高，如果我们爬上假山，站在假山的顶上就可以看到外面的街道”。

三毛有种奇特的本事，此身安处便是吾乡，有点苏轼的味道。她不怕生，到了任何地方都能混得熟，稀松平常的生活也能让她发掘出乐趣。

陈家在南京待得并不久，但三毛对它熟稔如故乡。多年后，她重返旧地，开车的司机名叫建业，她调侃道：“三国时代，吴国建都南京，时称建业，您肯定是个南京人。”对方故意刁难：“我弟弟叫建康。”三毛笑着说：“令弟肯定也是南京人，晋朝时代，少数民族南下，晋朝被迫南渡，迁都南京，当时就叫建康。”司机乐了，问道：“那我儿子叫子文，总不能也给扯到南京去吧？”三毛侃侃而谈：“群山之总汇，金陵也，而其统领，实为钟山。钟山又名蒋山，东汉时代有个秣陵尉蒋子文，就死在那里。”

有关南京的典故和人事，她信手拈来，如数家珍，大概她真把这里当成了家。都说她一生都在路上，偶有停留，也只如歇脚，是个没有家的旅人，其实她何尝不是把每一处都当成了家？

这或是不得已而为之的无奈，又或是乐天由命的天性，她像那只没有脚的鸟，一生只能不停地往前飞。

谁还记得，她当初在金陵巷子里，也有过稚嫩的快乐。

三毛那时候迷上了张乐平的《三毛流浪记》，小主人公三毛是一个流落在上海街头的孤儿，她着魔般喜欢这个故事，每天眼巴巴地盼着父亲回家。等陈嗣庆进了家门，她立刻冲过去，翻看他的公文包，看看他是不是带回了一册新的《三毛流浪记》。

漫画家张乐平的名作《三毛流浪记》当时风靡全国，这本书中没有任何文字，以图传意，很适合还没有启蒙上学的三毛。

她对阅读的喜好如同小荷，已经露出尖尖角。

阅读对一个人的改变是肉眼不可见的，它潜移默化，如泉眼细流，无声无息。但它又确确实实会改变一个人，仿佛重生，在气韵，在灵魂，在内秀。

陈家的二楼有专门为孩子准备的书房，三毛喜欢待在那里，不厌其烦地翻看《三毛流浪记》。青翠的树影从窗户外晃进来，稀疏有致，还透着植物独有的气味，而春风慢悠悠地吹，吹开了外面的桃花，妩媚清嘉。

可以说，《三毛流浪记》开启了三毛的流浪，她找到了自己的“同伴”。很多年后，她与张乐平相识，认他做了干爸。她流着泪说：“在我最孤独的时候，我不是和周围人说话，而是和书里的三毛说话，他从来不反驳我，只是默默听着，我觉得好温暖。我觉得他与我很亲近，我和他是一样的，我们都是您的孩子。”

她给自己取名“三毛”，喜欢家人称呼她“三小姐”，陈嗣庆既不解又好笑，明明是家里的老二，怎么能叫三姑娘呢？

她坚持己见。后来在报纸上发表第一篇小说，她用的正是这个名字。

第二节　胆小鬼

有时候，命运就像一颗埋于地下的种子，生根发芽，最后成为参天大树，郁郁葱葱。我们叫不出名字，说不出来路，其实它早已经给了提示，在那一朵花里，在那不起眼的叶子里，在小小的果实里。

只有经历了始终，才道得清原委，身在其中，反而惘然。

就像此时的三毛，她正准备着人生的第二次迁徙。她并不知道，这是个隐晦的伏笔，奔波流离的幼年，暗示了她以后的人生也将风尘仆仆。

这是1948年的春天。

陈家的院檐下有个燕子窝，那对栖居的乌燕又飞了回来，呢喃有声，嘤嘤如珠玉。

用人们很忙，进进出出的，收拾行李和什物，并没有工夫留意这春色醉人。陈嗣庆夫妇更忙，他们清算着出行的人数，盘点着家中的积蓄和细软，把它们变换成时下最通用的金圆券。

他们在为迁居台湾做准备。

小孩子看不懂越来越紧张的气氛，但也感染到了大人们的焦灼，三毛乖乖地学着收拾行李，虽然她不懂为什么又要搬家了。前一秒，她的记忆还留在那个开满桃花的院子，后一秒，她就登上了邮轮，眼前只有渺茫的海。

三毛始终记得，那艘船叫“中兴轮”。

第一章　东风着意，先上小桃枝

一树又一树的桃花被远远地抛在身后，连同故乡和过去的岁月，越来越远，远成天边的那抹余霞。浅绯、深红、朱砂、铅丹，绮丽的颜色……

三毛还来不及仔细体味这份离别，她眼下最忧心的是母亲。

不知道为什么，缪进兰从上船开始就病倒了，上吐下泻，虚弱得只能整天躺着。或许，她和丈夫一样，心里都充满了焦灼和惊惶，好不容易得来的安稳转瞬即逝，而前方的路凶险未知。

敏感的三毛已经能看出父母的忧虑，她安静下来，不再缠着姐姐和母亲玩闹。发呆的时候，听着那一波又一波的海浪声，她小小的心里也充满了不安。

尘世奔腾，沉浮起伏，如这一汪浩瀚大海。每个人都只是身不由己的洋流，随波而已，那些轰轰烈烈和奋起直追，就像那撞击发出的浪花，声势浩大之后，是更深沉的静默与无奈。

陈家在台北的新家是一幢日式房子，和大伯家同住，多少有些拥挤。八个孩子吵吵嚷嚷的，既添了几分温馨和热闹，又是长辈肩上沉甸甸的压力。

陈嗣庆打算重操旧业，开一家律师所。因为人生地不熟，他步履维艰，原本还算富裕的陈家，渐渐地捉襟见肘了。

三毛尚且懵懂着，不能明白父母的忧虑与艰辛。她很快就接受了新的环境和生活，尤其是那栋日式的房子，她觉得新奇不已，最喜欢的就是脱了鞋袜，奔到榻榻米上面，手舞足蹈，和堂姐妹们玩闹，嚷嚷着“解放了！解放了！”

稚嫩的欢呼却让大人们心惊，忙不迭地出声阻止。那时候，台湾的局势正敏感，很多政治字眼都是触碰不得的。

孩子们哪里懂这些呢？遭了一顿呵斥，回头依然嘻嘻哈哈地闹。不过，这样青绿无忧的时光并没有维持多久，三毛很快就被父母送到了学校。

六岁正是山花烂漫的年纪，我们六岁时是什么样子呢？缠着妈妈讲睡前故事，哭闹着要橱窗里的漂亮裙子，因为饭菜里有不喜欢的胡萝卜而皱眉头，或者是像煞有介事地显摆着新得到的小红花。

这些都和三毛无关。

她聪慧而敏感，在枝头瑟缩着，早早地绽放出自己的颜色和芬芳。

她无法掩盖在文学上的天赋。每每国文课本发下来，三毛总会在第一时间朗诵并记忆，对她而言，那些浅显的文字没有任何难度，也没有任何学习的意义，因为她都懂了。

第一章　东风着意，先上小桃枝

不得不承认，确实有天赋这回事。有的人是浑然天成的美玉，有的人是精雕细琢的珠宝，难评孰优孰劣，但前者信手拈来，后者以勤补拙，这种对比难免让人心酸。

如果不自知也就罢了，一旦双方都察觉到这种对比，那才真是心酸到不忿，以至于落泪。所以，我们在学生时代里，都曾经在心里暗暗嫉恨过那些学霸，他们不用花太多精力和时间，却能够轻松地超越旁人，遥遥领先。

天赋是可望而不可即的，聪明是无罪的，但不是每个人都有包容的气度。

三毛曾经跑到老师面前，疑惑而自得地问：国文课本编得太浅显，怎么能把小学生当傻瓜一样对待呢？

新来的国文老师把这当成了一种挑衅，他不假辞色，冷言冷语，对她更加不喜。

三毛是无心的，却被恶意理解，成为别有用心。这就好像有人踩到蛇的七寸，明明无意杀生，只是一步踏错，对方便视她为仇敌，呼朋引伴，群起而攻之。

这种比喻或许并不恰当，但老师的疏远和打压是事实，而这如同一个信号，其他的学生纷纷站到了三毛的对立面。并不是小孩子势利，恰恰相反，小孩子是最纯善的，正因为如此，他们容易被煽动、被误导，成为某种意义上的“帮凶”。

他们孤立三毛，或许是因为老师的错误示范，或许还有一些潜意识的排斥。谁会喜欢一个聪明而孤僻的同学呢？这不是一个浑身长刺的仙人球吗？不仅观赏性差，还攻击性强，因为他会对比出你自身的糟糕和愚笨，尽管他并非故意，但这种对比无处不在。

你一方面暗暗钦佩他，一方面又不无得意地贬低他，怎么会有这么怪的人。所以，当有人孤立他的时候，你毫不犹豫选择了附和。你在心里想：我只是不想和他做朋友，又不是什么伤天害理的事，况且大家都那么做啊。

殊不知，三毛也是个小孩子，也纯善天真，也需要朋友。

她也喜欢收集橡皮筋和《红楼梦》人物画片，还有包糖果的玻璃纸，那些都是在小学生中最流行的。她也会快快写完练习簿，拿它交给杂货铺的老板娘，换一颗彩色的糖。吃完糖，把糖纸洗得干干净净，夹在书里，攒成一大叠了就去换画片或者橡皮筋。

她也希望跟父母多讨点零花钱，走起路来有几个铜板在口袋里响。

这些快乐和期待都是小小的，隐蔽的，连父母也不会全部知悉，只有年龄相近的朋友才能感同身受，彼此理解。所以我们渴望同伴，或许是一个能手牵手去厕所的小伙伴，或许是一起跳橡皮筋的同桌，或许是给对方改分数的邻家妹妹，或许是帮忙做值日的同学。

一朵花会叫醒另一朵花，一朵花会陪伴另一朵花，孤芳自赏是多么寂寞的事。朋友就是那满树熙熙攘攘的花苞，彼此呼唤，热闹绽放，才点燃了整个春天。而父母更像是埋在地底的根茎，是爱的供养，但他们不能明白春风招摇和一夜花开。

就像三毛曾经在文章中笑着抱怨："我的父母也明理，却忘了我也需要钱，即使做小孩子。"

那是在小学三年级，她没有什么零花钱，过年的红包也是乖乖地上交给父母，所以看到母亲随手搁在柜子上的五块钱，她心动了，偷偷藏了起来。

其实小孩子哪有什么花钱的地方？在学校忙着上课，在家衣食无忧，午睡起来也是有柚子和芭乐吃的，还有一碗绿豆汤，冰冰的。三毛是被姐姐讲的故事勾住了魂，姐姐会捧着一本《西游记》或《红楼梦》讲故事，但那些精彩绝伦的故事是要收钱的，比如孙悟空去火焰山、打妖怪，比如林妹妹谈恋爱，一毛钱才讲一回。

那五块钱就像烫手山芋，三毛藏着掖着，既担心被父母发现，又羞愧于自己的小动作。最后，她偷偷放了回去，佯装镇定地提醒母亲："妈妈，你的钱原来掉在夹缝里去了。"

父亲陈嗣庆隐约察觉到了什么，他很体贴，没有当面点破，而是开始管束孩子的零花钱，每个月给她们一块。不仅如此，他还私下送了三毛一大盒外国糖果，他没有说慢慢吃之类的话，这让三毛欣喜不已，她把所有糖果都剥了出来，整个下午都沉浸在数糖纸的快乐里。

或许，在陈嗣庆夫妇看来，他们的二女儿仍然是单纯而稚气的，他们没有责怪她的小糊涂，而是充满了怜惜。她是那么敏感，又是那么胆小，都忘了她是可以向父母提要求的。

这样的孩子是多么孤独。

直到四年级，三毛才交到了人生中的第一个好朋友，那是个吹兵，跟随军队驻扎在学校。

他不会说话，却有一颗热情而善良的心。

有天，轮到三毛做值日，她拎着开水，要穿过操场回教室。这时候，一头疯牛闯过来，她惊慌失措，四处寻找躲藏的地方，但所有的教室门都紧紧地关上了。

大家躲在窗户后面，眼睁睁看着她被疯牛追赶。

三毛既伤心又害怕，忍不住号啕大哭，她的开水壶打翻了，鞋子也跑丢了。危急时刻，不会说话的吹兵挺身而出，赶走了那头牛，安慰她，帮她找到鞋子，给她擦眼泪，送她回教室。

很快，一大一小的两人成了忘年交。三毛觉得吹兵是世上最好的人，总是热情地和他打招呼，比手画脚地“讲话”；而吹兵把她当成女儿，处处照顾她。

友谊不在于年龄和性别，而在于意趣，好比高山流水，两心相知。三毛是孤独的，学校就像一种禁锢，古板而严厉，与她自由浪漫的天性格格不入，这里也没什么能说上话的朋友。吹兵也是孤独的，他是四川人，被抓来当壮丁，连刚出世的孩子都没来得及看一眼。

这段惺惺相惜的友谊却遭到了老师的极力阻止。成人的世界总是更复杂，她怀疑吹兵的意图，禁止三毛再和他接触。三毛并不理解，但年幼的她无能为力，只能被迫疏远自己的朋友，硬着头皮面对吹兵的伤心和失落。

最怕受到自以为是的关心，最难拒绝“为你好”的口号，很多时候，我们都深深地为难，而后不得不妥协。

军队撤离时，吹兵跑来和三毛道别，送给她一枚珍贵的金戒指和一包牛肉干。三毛既意外又羞惭，意外的是这个朋友并没有忘记她，羞惭的是她因为懦弱而疏远了这段友情。最让人难过的是，戒指被老师收走了，牛肉干被老师当众扔了，通信地址也被老师撕得粉碎。

很久以后，三毛在她的散文《吹兵》中这样写道：“那是今生第一次负人的开始，而这件伤心的事情，积压在内心一生，每每想起，总是难以释然，深责自己当时的懦弱，而且悲不自禁。”

她不能释怀，所以她后来朋友遍布天下，什么人都有，吹兵、巫师、酒鬼、小乞丐……

我们终会长大，告别那胆小的自己，向前走。

第二章　荼蘼不争春

“荼蘼又名佛见笑、独步春等，蔓生多刺，绿叶青条。花有三种，大朵千瓣，色白而香，青跗红萼。有蜜色者，不及黄蔷薇，枝梗多刺而香。又有红者，俗呼番荼蘼，亦不香。”

荼蘼不争春，寂寞开最晚，这是有些低调的花。

明明是三月繁华，明明是万紫千红，明明是东风有情，它却始终沉默、内敛、不肯声张。

它是有慧根的呀，佛典中说它是天上开的花，白色而柔软，见此花者，恶自去除。词语“天花乱坠”中，就有一味荼蘼，白如玉，香如檀，落在尘世里，就好似明珠蒙尘了。

很多人不识荼蘼，即使见了，也叫不出名字。它小小的，白白的，香气细碎，藏在绿色的枝蔓里，看起来毫不起眼。但是，如果有心的人停下步子，闻一闻，赏一赏，便会惊叹于这胜极韶华。

就像不肯自报家门的姑娘，懂的人自会懂，秀蕴于内，色藏于里。

这是独属于小姑娘的骄傲。

第一节　拾荒少女

天才总是有些小毛病的，此时的三毛还没有四海为家的洒脱和坚忍，她只是一个偏科严重的学生。自小爱读书的她对数学无比头疼，避之唯恐不及，在语文课上却游刃有余，尤其是写作，远远胜于同龄人。

在一次国文写作课上，老师要求大家想象自己将来是什么样子。

三毛站起来，大声朗读写好的作文："我有一天长大了，希望做一个拾破烂的人，因为这种职业，不但可以呼吸新鲜的空气，又可以大街小巷地游走玩耍，一面工作，一面游戏，自由快乐得如同天上的飞鸟。更重要的是，人们常常不知不觉地将许多还可以利用的好东西当作垃圾丢掉，拾破烂的人最愉快的时刻就是将这些蒙尘的好东西再度发掘出来……"

多么浪漫的念头。此生不做官，不行商，只当个浪迹四方的拾荒人，拾捡朝霞与落日，拾捡花的芬芳，拾捡风雪，拾捡每个故事。

关于理想和未来，这样的作文题目并不新奇，我们肯定写过。我们的答案又是什么呢？当个科学家，发明许多新的东西；当个老师，春蚕到死丝方尽，蜡炬成灰泪始干；当个护士，因为那是白衣天使……

没有人会像三毛，在小小的脑袋里，藏了一个稀奇古怪的梦。

或许，三毛天生是要当作家的，要不就是艺术家，那些别人不理解的稀奇古怪，在文学或艺术创作里，是多么难得的天赋。在其他人身上，偶然的灵光一现就值得欣喜若狂了，而三毛随时随地都有不同寻常。

可惜老师不能理解，他勃然大怒，将黑板擦砸向三毛，严厉地呵斥："如果将来拾破烂，还要到学校读书干什么？"

他命令三毛重写。

三毛只好收起那些奇思妙想，乖乖地写了一篇要当医生的作文。这次，老师很满意。

我们常常感叹，有趣的灵魂太少，其实并不是，是我们自己太无趣，错过了那些有趣。

我们见过奇石，却嫌它丑陋，反而去喜欢千篇一律的雕塑；我们见过幽兰，却嫌它骄矜，反而去青睐匠气十足的插花；我们见过鸿鹄，却嫌它野性，反而去选择嘤嘤献唱的金丝雀。

第二章　荼蘼不争春

我们的所见所遇，其实是一种映射，是一种照镜子。不是周遭太过平庸，而是我们太过平庸，看不到风景。

所幸三毛没有放弃，她依然把自己活成了有趣的人。

每天放学后，她都不急着回家，让同学把书包捎给母亲，自己则一个人慢悠悠地闲逛。即使是在田野小路，她也能发现许多有趣的小玩意儿：一颗散发光泽的玻璃球、一枚变形的大别针、一个漂亮的香水瓶、一颗有奇怪花纹的石头，或者是一枝花、一个树木疙瘩。

别人弃如敝屣的东西，在她眼里，却是宝藏。

别人觉得是怪癖，在她眼里，却是一场浪漫的探险。

别人都忙着匆忙赶路，她却更看重脚下的风景。

这个少女有着自己的小世界，狂蜂浪蝶走不进，她亦不强求，在拥挤的人群之外，兀自开着花。哪怕没有人欣赏，也没有人驻足，她仍旧努力地芬芳，那每一缕芬芳背后都是有故事的，不留神，便错过。

拾荒，这个独特的爱好始终伴随着三毛，她一路拾捡，一路体味闲情意趣。

有段时期，她突然迷上木头，到处搜罗，看到路边被丢弃的树根，就会挪不开脚步，围着打转，越看越喜欢。为了把这个宝贝搬回去，羞涩的三毛鼓起勇气，向伐树的人请求，在得到应允后，她就在又拖又拉又扛又停的情形下，顶着众人的注视，把那个树根弄到家里，洗刷干净后，放在自己的房间里。

哪有人拾木头呢？枯枝烂叶，随处可见，但三毛偏偏喜欢，她是真正从一朵花里看到世界，从一粒沙子里看到乾坤，从一片叶子里看到菩提。就连家里女工坐的那个木头墩子，她也发现了其中的魅力，那笨拙的外形如同复活岛上的人脸，那繁复的纹路透着神秘的气息，她欣喜若狂，找来一块空心砖让女工坐，抱走了木头墩子。

有人形容三毛是收藏家，因为她拾捡的物什千奇百怪，其实她更像一位改造家，那些其貌不扬的小玩意儿，经过她的手，都焕然一新，成为工艺品。

“我同住的朋友丢掉的旧衣服、毛线，甚至杂志，我都收拢了，夜间谈天说地的时候，这些废物，在我的改装下，变成了布娃娃、围裙、比基尼游泳衣……”

这才是真正爱生活，也懂生活的人。

她用发掘的眼光，一点一滴寻找着身边的美好，或琐碎或平凡，总有动人之处。即使是不美好的，她也能乔装，改造出新的意义。

正是怀着这样的智慧，三毛才能熬过日后那些奔波流离，把日子过成一朵多姿多彩的花。

第二章　荼蘼不争春

在撒哈拉时，三毛的家对面就是一个大型垃圾场，她没有任何不满，反而把它当成了一个天然的宝藏。她说："拾荒人眼底的垃圾场是一块世界上最美丽的花园。"

只要有空，三毛就会进入这座花园淘宝，她捡到过一块腐烂的羊皮，煮煮洗洗，几天之后，变成了一个舒适的坐垫；她还捡到过大大小小的瓶子，刷干净，摆放好，成了最天然的花瓶，插上一丛怒放的荆棘，诗意盎然；她捡到过自行车的旧零件，经过清洗、组装、设计，最后变成一条别致的项链。

大概没有人会想到，那些被生活遗弃的垃圾，竟然也可以再次装点生活。

在加那利群岛时，三毛结识了一位好友，他叫希伯尔，是瑞士人，也非常热爱拾破烂。他曾经和三毛比试，一同在岛上的垃圾场中寻宝，在三毛一无所获的时候，希伯尔已经抬出了一面雕花木门，送给她。

这样志同道合的朋友毕竟不多，大家对于拾荒还是不理解的，即使放在现在，三毛也会被当成另类的行为艺术。年轻的姑娘们更喜欢珠宝、首饰、漂亮的衣服，她们不会接近一个在垃圾场里混迹的女人。

因为不能理解，所以无法同行。

三毛的父母同样不能理解，但他们选择了包容，默许她一次又一次地往家里搬东西，有时也会支持她。

有一次，全家人去淡水吃海鲜，人群拥挤，好不容易排到队，正要动筷子时，三毛突然叫停了。因为她看到店外的垃圾车经过，忍不住兴奋地追了出去，淘出了大大小小十多个罐子，三毛的父母不仅没有生气，还帮着她搬运。

那些罐子其貌不扬，弟弟甚至揣测那是骨灰罐，但三毛就是喜欢。她的收集不是为了实用，而是单纯的观赏。

还有一次，三毛的父母去海边散心，他们花了很长的时间，反复挑选和寻觅，捡了两颗彩石，作为礼物送给女儿。三毛喜出望外，给它们取名为“痴心石”，把它们放在最喜欢的那本《红楼梦》上面，每次看到，都会心花怒放。

她的快乐简单而纯粹，不为人知，也不为人扰。

第二节　逃学为读书

谁有过逃课的经历?

午后的太阳从窗户跌落下来，教室里被染成深深浅浅的黄，老师在说着什么，每个字仿佛都带着温度，暖暖的，从耳朵里钻进去，却把一颗小小的心烫得舒服极了。

你不愿意坐在这狭窄的空间里了。外头的景色多好啊，风悠悠吹，白色的花静静开，一只燕子喃喃唱着歌，你偷偷从教室后门溜了，出了校门，大摇大摆。

其实没有什么非做不可的事：只是沿着一条开花的小路闲逛；只是吹吹柳哨；只是去河边转一转，青蛙正呱呱扯着嗓子；只是找个热闹的角落，盯着来来往往的行人；只是想痛痛快快地玩一下新买的陀螺。

三毛也逃课，但三毛并不是为了玩乐。

她爱上了读书，从搬个小板凳听姐姐读林妹妹的爱情故事，到捧着一本厚厚的《红楼梦》废寝忘食，三毛已然是个小书迷。

陈嗣庆倒是开明，既然女儿喜欢，他就订阅了很多杂志，当时流行的《学友》《东方少年》等，家中都是有的。

三毛欣喜不已，每周的快乐就是从邮递员手里取过杂志，然后迫不及待地翻阅。她还小，很多内容都不求甚解，囫囵吞枣似的，姐姐有时会帮忙讲一讲，两姐妹挤在房间里，无声无息地待整个下午。

温暖的阳光在地上慢慢爬着，屋子外的树影也跟着移动，稀疏有致，掩映着两个专注的小人儿，就像一幅清淡的水墨画。

几本文学杂志并不能满足三毛，她把目光投向了堂哥们的书架，在那里，鲁迅、巴金、老舍、周作人……一众名家静静地躺着，等待着被知音发现和唤醒，开始不为人知的对话。

这种对话是神秘而庄重的，它仿佛一次召唤和开启，让一个懵懂的孩子见识了文学的美，闯进了文学的秘境，从此流连忘返。

大人们总以为，孩子的记忆是短促的，理解是轻又浮的，其实孩子最敏感，也最直观。他们能记得小时候见过的那朵说不出名字的花，他们能清楚地说出一次出远门时穿着什么颜色的衣服，他们能脱口而出那首远久的诗……他们或许不曾懂得，但他们记得。

这段阅读时光对三毛影响深远，如同一阵风吹开了一朵花，她如饥似渴地穿梭在名家名著里，鲁迅的冷、冰心的柔、周作人的闲，她都喜欢，也都一目十行地惊叹。

对于三毛来说，书就像一座宝藏，她还不明白宝藏的价值，但她明白，这是好的，可遇不可求的。

年纪并不是一种阻碍，相反，身为孩子的三毛有着更直白的感知。孩子是天生的心灵捕手，很多年以后，三毛还记得第一次看鲁迅的《风筝》，淡淡的情愫，淡到极致了，就像一杯白开水，喝到嘴里，又是牵绊着的骨肉血亲，浓得化不开了。

她一下子就感动了，她也有兄弟姐妹，那说不清道不明的触动击中了她，好像一场隔着时空的对话，不须言语，彼此心领神会。

很快，三毛翻遍了堂哥们的书架，她开始把目光投向租书店。那个年代，有很多这样的租书店，混杂着各种画报、名著和流行小说，花上一两毛钱就能待上一整天，要是再多点，还能把书带回家看。

这真是一个世外桃源，三毛开始缠着母亲要零花钱，哪怕一毛也好呀，她能看上那本心心念念的漫画了。

那些带着漫画的儿童书最先吸引了她的目光：《童年》《在人间》《我的母亲》记录了高尔基那段悲喜交织的童年时光；《森林中的小屋》《农夫的孩子》《梅河岸上》再现了劳拉笔下真实生动的移民生活……渐渐地，三毛也开始尝试阅读长篇小说了，厚厚的一部，积压在书架上，仿佛砖头似的。

她看的第一部中国长篇小说是徐訏的《风萧萧》，三个女主角身份迥异，各具风情，周旋在革命与爱情里，编织了一出浪漫而跌宕的故事。

哪个少女没有期盼过这样的故事呢？走在家门口到学校的街道上，风吹得梧桐叶瑟瑟作响，长长的毛线围巾翻飞着，下一刻，转角处仿佛就会走过来一个陌生人，带着未知的剧情。

在最安逸的年岁里，我们心里藏着最大的不安分，书籍只是一份寄托，一份推门望月的小聪明。

我还记得自己十三四岁的时候，有天晚上爬到了家里的阁楼上，那儿藏了几口落了油漆的大木箱，装着满满的书。那些书，家里都是不让看的，“会带坏小孩子呀”。

我翻到了《笑傲江湖》。那是我第一次看金庸，偷偷地，一口气翻完了整本故事，当下只觉得肺腑生豪气，那股激荡之情久久不平。我始终不能忘记，令狐冲和小师妹诀别的那一夜：前一刻他正月下赶路，要去救她，对面坐着任大小姐，他在心里试着与这段旧情作别；下一刻，她死在爱人怀里，那爱人却不是他，这凄苦和不甘再也放不下。

这就是江湖啊，月亮挂在天上，儿女总是情长。

我趴在阁楼的小窗户上，外面是宽广的大路，种着一棵又一棵白杨，高而瘦，瑟瑟有声。那时候我生出无限的遐想，仿佛随时会有一辆马车笃笃而来，会有仗剑的少年，白马策西风。

那些读过的故事沉在心里，就像月亮沉在水里，渐渐地，变作一种情怀。

三毛也读金庸，从《射雕英雄传》开始，追着报纸上的各种连载。她喜欢霍青桐，翠羽黄衫，有情有义；她不欣赏岳灵珊，君子剑的女儿，哪里懂得浪荡子令狐冲呢？

她费尽心思地写了读书笔记，七零八落的，都是一些不成章的见解，奇崛而有趣。有次，父亲陈嗣庆看到了，他一头雾水，随口责问了两句，透着一些不满，三毛一本正经地为偶像辩解。

这大概也算侠气了。

都说三毛真性情，她天南海北地游历，随心所欲地交朋友，和乞丐老妇人能聊上很久，会花钱买那些常人避之唯恐不及的骨灰罐，满身的江湖气，总有几分仗剑云游的意味。

所以，三毛很喜欢读《水浒传》，一百零八条好汉，她如数家珍，熟稔得如同亲朋。她曾经和丈夫一起去马德拉旅游，看到青绿茂盛的白杨，她忍不住跟丈夫卖弄："李逵江边钓鱼，引得浪里白条张顺出场的第一章里，就提到过杨树。"

这种卖弄不是逞才，不是炫花招，是油然而生的亲昵，就像掰着手指头吹嘘自己最喜欢的裙子。

如果说金庸和施耐庵的小说，赋予了三毛风尘仆仆的洒脱，那么，一部《红楼梦》则草蛇灰线地种下了三毛的敏感与多情。

在五年级，三毛开始阅读《红楼梦》，不再是从姐姐那里听各种零碎的情情爱爱，而是认真地咀嚼每个字词，津津有味。

像所有上课走神的小学生一样，三毛会偷偷地把书藏在裙子下面，趁着老师不注意，瞄上几眼。有一次，她看得入迷了，书里正讲到贾宝玉出家，那个吟风弄月的贵公子，放弃荣华，踏入空门。冰天雪地里，他来和父亲告别，光着脚，穿着一身猩猩大红氅，拜了三拜，头也不回地走了。

三毛一下子就哭了。

生而为人，你我都是过客，赤条条地来，赤条条地去，爱恨情仇和荣华富贵，都不过是食尽鸟投林，最后落个干干净净。任凭当时是怎么样的惊心动魄，都会如同波澜慢慢平复下来，在时间里结水成冰，无可留恋。

所以，人在本质上都是孤独的，所见无法复制，所闻无法传递，所感无法言传身教，好在情感是相通的，我们相互望梅止渴地拥抱。

十多岁的三毛坐在教室里，埋头看书，周围的同学各自在忙碌着什么，看着黑板或者说几句闲话，而老师正写着粉笔字，激情地讲着一个新教的成语。

这情景是多么似曾相识，寂寂无声，孤独而美。

她觉得自己就是那个转身而去的贾宝玉，心有戚戚，眼泪自发地滚落。

第二章　荼蘼不争春

老师从讲台上走下来，摸了摸她的头，关心地问：“是不是不舒服？”

三毛默默地摇头，这种不舒服并不是身体上的，而是心理上的。

望月生情，对花落泪，迎风咏怀……有些事，听起来矫情，其实是一种能力。驽钝的人不能明白，昙花一现便是智慧；怯懦的人不能明白，国色天香便是欲望；肤浅的人不能明白，春泥护花便是伟大。

生活是粗糙的，细腻的是一颗心，而三毛恰恰具备。她越来越多地把时间投入书海，而不是学校，因为在学校里，她只感受到压抑和枯燥。

有一次在课堂上，有个男同学被老师点名了。谁也不知道他做了什么，或许他也在偷偷地翻课外书，或许他在和同桌讲小话，或许老师只是单纯地盯上了他，总之，他在所有人的注视下，面红耳赤地站起来，走到讲台前。

老师狠狠地骂了一通，而且体罚了他。

他跪在一把破了布的雨伞骨头上，又痛又麻，更难忍受的是刻骨铭心的羞辱。那些投过来的目光轻飘飘的，其实重如千钧，足够压垮一个孩子。

那个男同学最后站不起来，一寸一寸地爬回了自己的座位。

或许老师并不知道，他已经伤害了一颗心，但三毛知道，她愤怒、不解、迷茫而又惶惑，她甚至觉得自己和同学们都是“一群几近半盲的瞎子，伸着手在幽暗中摸索，摸一些并不知名的东西”。

这种严苛而糟糕的体罚偶尔也会落到三毛的头上。

有一次，她在作文里写：“想到二十岁是那么的遥远，我猜我是活不到穿丝袜的年纪就要死了，那么漫长的等待，是一个没有尽头的隧道，四周没有东西可以摸触而只是灰色雾气形成的隧道，而我一直踩空，没有地方可以着力，我走不到那个二十岁……”老师把作文念出来，并且毫不留情地讥讽她：“你为什么为了丝袜要长大？你没有别的远志吗？陈平，你的二十岁难道只要涂口红、打扮、穿漂亮衣服？各位同学，你们要不要学她？”

在稀稀拉拉的笑声里，三毛既无措又失望。她失望老师竟然不懂得一支口红代表的意义，她失望回去以后要重新写作文，她失望自己不得不在作文本上写：将来长大要做一个好教师是我的志愿。

但一个孩子的失望是无关紧要的，是容易被忽略的。哪有孩子不上学呢？既然要上学，就得忍受老师的责骂和坏心情呀，玉不琢不成器呀。在大人的世界里，这似乎是理所当然的。所以，当三毛一次次含着眼泪吃早饭的时候，母亲只是温柔地劝解她：“妈妈会去学校送老师衣料，请她不要打你……”

童年的日子温暖而缓慢，一天仿佛一年，正因为这样，快乐的时光会延迟，痛苦的感觉也会增倍。对三毛来说，在小学的那段经历，显然并不愉快。

逃学成了她的常态。

第三节　雨季不再来

天空隐隐响着雷声，乌云一阵一阵地翻涌，就像失手打翻的墨水瓶，既不赏心悦目，还有一股让人不愉快的味道。

在三毛的印象里，整个小学阶段都是这样的天气，想不起蓝天白云，想不起青草的香气，一直到结束，都是压抑而不快乐的，仿佛随时会有暴雨降临。

联考过后，成绩出来了，父亲顶着大太阳去看榜。回来的时候，他神色很和蔼：“榜上没有妹妹的名字，我们念静修女中也是一样好的。”

三毛没有考上省立第一女子中学，那是台北最好的中学了。

或许，父亲是失望的，并且竭力掩饰了这份失望。但三毛是真的不介意，对她来说，静修女中并不是退而求其次的选择，她喜欢这所学校。

新生报到的时候，她和一群孩子被老师带着，穿过马路去操场上玩球。那个老师很温柔，一直叫她们小妹妹。

她是内心敏感又有主张的孩子，些微的善意都能被她捕捉到，并且被她体谅。

三毛曾经帮老师递交过一份情书。那是一个动不动就拿教鞭打手心的老师，一个把孩子的眼皮捏到红肿的老师，一个怀疑三毛翻看了日记本就当着全班质问她的老师，三毛很怕这个老师，但当她发现老师的恋爱不成功时，她一下子谅解了对方，甚至偷偷地原谅了那些体罚行为。

那时候，课外补习是不允许的，但老师们都会偷偷地开设补习班。有次，这个老师的补习班被发现了，她不得不停止夜间补课，红着眼跟学生们道歉：我给你们补习，也是为了使你们将来考上好的初中。三毛看着她，想到她忙碌的生活作息，想到那封情书，想到她连恋爱的时间也不太多，在心里生出了许多超越年纪的怜悯。

第二章　荼蘼不争春

每个孩子都是最毒辣又最善良的哲学家，他们眼光毒辣，天生就对这个世界的好坏有着敏锐判断；他们心肠柔软，很容易在每份恶意里面找到善。

三毛在静修女中并没有待多久，父亲带来了一个新消息：她的联考分数弄错了，她是可以上省立第一女子中学的。

家里都很高兴，父亲还快活地调侃她："恭喜！恭喜！你要去念台湾最好的省女中！"

三毛去了，她没有想到，这所学校成了她整个童年，甚至整个人生的阴翳。

事情的导火线其实很简单，她有些偏科。

三毛的数学不太好，初一还能勉强应付，到了初二，上课越来越吃力了，成绩也没有那么理想，几次小考下来，最高分只有五十。

面对这样的情况，数学老师的目光渐渐变得挑剔而不满，三毛的内心也跟着不安起来。

大人们永远不会知道，他们的一句话、一个眼神、一个动作会带来怎样可怕的连锁反应。他们似乎没有意识到，不管是好的，还是不好的，那些影响就像兜头冷水，冷不防地浇下来，让孩子们独自承受，而他们做个看笑话的旁观者。

数学不好是什么致命的缺点吗？是无法改善的定局吗？并

不是，但作为学生时代的三毛，却要因此承受老师的鄙夷、嗤笑和冷漠。

三毛无法忍受，她明明是个那么聪明的小姑娘。

她仔细研究了每次的考题，发现老师出的试卷都是来自课本后面的练习题。于是，三毛用了一个最笨的方法：把所有的习题都做出来，并且反复背诵。终于，在接下来的几次小考里，三毛的数学成绩一下子蹿了上去，次次都拿了一百分。

她松了口气，这份漂亮的成绩单应该足够讨好数学老师了。但事实并不是这样，在数学老师眼里，三毛就像一个拙笨的小丑，用掩人耳目的伎俩在耍花招。

当着全班同学的面，数学老师讥讽三毛作弊。三毛大声地反驳："作弊，对我来说是不可能的，就算你是老师，也不能这样侮辱我！"数学老师冷冷地看着她，拿出早就准备好的试卷，让三毛重新作答，限时十分钟。

那是一份全新的试卷，题目当然也都换过了。

三毛的数学本来就糟糕，题目又是故意加大难度的，她做不出来，十分钟后，交了一张白卷。

数学老师胜利了。她急于炫耀自己的胜利，拿了一支蘸满墨汁的毛笔，在三毛脸上画了两个圈圈，笑吟吟地说："你爱吃鸭蛋，老师给你两个大鸭蛋。"

第二章　荼蘼不争春

墨汁涂在眼眶周围，湿漉漉地往下滴，顺着脸颊，有些渗到了嘴角，味道又苦又涩。

很多年以后，三毛还能清晰地回忆起那些细节，越是记得，越是耿耿于怀。

数学老师并没有轻易地放过这个女孩子，她让三毛转过身，面对全班同学。

十多岁的孩子能懂什么呢，他们或许并不认同老师的做法，甚至内心是排斥和恐惧的。但这不影响他们觉得好笑，可能只是单纯的好笑，没有落井下石和幸灾乐祸，但对当事人而言，一切就不同了。

三毛羞愤得几乎要晕过去，如果地上有个洞，她恐怕会毫不犹豫地钻进去。

这还不是结束，数学老师命令她到教室外面去，顺着走廊绕一圈，让所有人都看看作弊的后果。

她没有作弊，但她不得不承受所有人的嘲笑。

走廊上挤满了看热闹的学生，他们盯着三毛的脸，就像盯着一个什么可怕的怪物，惊讶、偷笑、嘲讽、好奇……每一份目光就像一滴冰冷的水，而后汇集成汹涌的潮水，淹没了这个才初二的女孩。

三毛已经忘了自己那天是怎么回到教室，又是怎么冲到厕所里洗脸的，但她始终记得众目睽睽之下的羞辱感，仿佛被脱光了衣服，无处可躲。

这大概是最恶毒的惩罚了。体罚带来的皮肉之痛，还会让人号上几嗓子，留下伤疤，摧毁一个孩子的灵魂似乎更无形，三言两语，连罪证都没有。

那天回家以后，三毛没有跟父母亲提起这件事，她像往常一样，吃过饭，洗过澡，回到自己的房间。深夜时，躺在被子里，她偷偷地哭了很久。

眼泪只是一种宣泄，并不是一种疗愈，伤害的种子已经深深地埋进她心里，尽管没有任何人知道。

从那天开始，三毛越来越沉默。

走在路上，她觉得所有人都在看她，她不敢抬头，匆匆地跑过去；坐在教室里，她觉得同学们都在窃窃私语，小声议论着什么，她不敢开口，假装忙碌地干自己的事；甚至回到家里，她也会觉得父母的眼光充满疑虑，心里沉甸甸的，不知道怎么应对。

大人们尚且不能在流言中应对自如，更何况一个孩子呢？

三毛每天都像绷紧的弦，终于有一天，这根弦断了。

在某个清晨，三毛刚踏进教室，眼前一黑，毫无预兆地倒在了地上。她的内心是多么抗拒这个地方，只要想起那天的事，只要想起那些闲言碎语，她就不愿踏进这个四四方方的牢笼，身心遭受禁锢。

即便这样，她仍然没有向父母开口。

她彻底放弃了她的学业。

既然这里不愉快，那就离开吧，去书店里，去没有人的小河边，甚至去公墓里待着。越是安静的地方，她越放松。

原本就喜欢逃学看书的三毛，这下子变本加厉，她省下中午的饭钱，买了书，穿梭在各种偏僻无人的地方，自得其乐，不再理会学校里的种种。

为了不让父母察觉，她每天仍然拎着书包出门，隔上两三天，便去学校坐一天，以为这样就不会惊动学校和家长。

这样的日子持续了几个月。

谁都不知道十多岁的三毛是怎么熬过来的，她宁可在死人堆里消磨时间，几乎没有任何朋友，没有任何与外界的交流，每天在饭桌上还要露出若无其事的笑脸。

没有人发现她的异常，父母没有，姐姐没有，弟弟也没有。

直到陈嗣庆收到一封学校的通知书，他才知道，自己的女儿已经出现严重的心理问题，很久没有好好上课了。

如果日子是有颜色的，从此以后的很长一段时间内，三毛的记忆都是黑白的。

陈嗣庆为三毛办了休学手续，让她在家休养。他在自责之余，认为可能是学校环境的原因，于是又给三毛联系了一家美国人办的学校，送她去上学。

这时候的三毛已经患上了严重的自闭症，她学不下去。陈嗣庆又尝试着报了一个日本插花班，甚至请了家庭教师来教授她绘画，但这些对三毛的病情并没有改善，她学得断断续续，最后都放弃了。

病情糟糕的时候，三毛待在家里，足不出户，拒绝和任何人沟通。

在花一样的年纪，她没有享受到阳光和雨露，有的只是无尽的黑暗。

陈嗣庆夫妇不忍心女儿就此荒废了，他们想来想去，决定自己在家教授女儿。于是，每天下班之后，三毛的家庭学习班就开始了。

古诗词是必备的科目，诗歌言志，宋词咏怀，杂曲作乐，小说道破世情……三毛很喜欢这些，每天背诵一篇古文，乐在其中。

英文也是不可少的，陈嗣庆没有逼着三毛背单词、写句子，而是选择一些浅显有趣的英文读物，让她自己翻阅。三毛读的第一本英文读物是欧·亨利的《浮华世界》，之后又陆续看了《小妇人》《小男儿》等。母亲缪进兰为了鼓励她多读多看，经常买一些英文漫画故事书回来，配有插画，容易记诵，她常常爱不释手。

她还学习钢琴，由陈嗣庆手把手地教。那时，他们家里并不算太富裕，但陈嗣庆还是咬牙买了一架钢琴，黄昏时分，他们三姐弟都要坐在钢琴边，听父亲演奏，然后一个个地练习。

“我这样期望你们学音乐，当你们长大的时候，生命必有挫折，那时候，音乐能化解你们的悲伤。”

那时候的三毛或许还不明白，她正在生命的挫折里，而她的父母尽了最大耐心和能力，只希望化解她的悲伤。

第三章　相思只在，丁香枝头

“丁香，一名百结。叶似茉莉，花有紫白二种，初春开花，叶小似丁香，蓓蕾而生于枝杪。其瓣柔，色紫，清香袭人。”

提到丁香，似乎总有几分哀怨。

“芭蕉不展丁香结，同向春风各自愁”，这是等待之苦，黄昏月下，等不来离人，满院子的芭蕉和丁香也郁郁寡欢。

“青鸟不传云外信，丁香空结雨中愁”，这是亡国之恨，小楼春深，故人已不在，雨丝恰如悔恨的泪水，浸润着丁香又苦又忧。

“西窗白，纷纷凉月，一院丁香雪”，这是相思之情，昨夜梦卿卿，当窗理红妆，醒来都成空，唯有月色和一架丁香还在。

丁香就是淡淡的哀怨呀，是少女的花，是情窦初开的花，是欲语还羞的花。

第一节　我的三位老师

休学在家的这几年，三毛其实过得并不轻松，尽管父母不提，但他们内心还是希望女儿能够尽早恢复，回到学校。

越是不提，越是心照不宣，这种压力是无形的。

在这种如履薄冰的气氛里，三毛曾经割腕自杀，好在父母及时发现，把她救了回来。从这以后，三毛每周都要去看医生，接受心理治疗，但效果并不理想。

这段晦暗的记忆里，她唯一的色彩就是那些画。

橙色是凡·高的向日葵在燃烧，黑色是达·芬奇的蒙娜丽莎在微笑，粉色是莫奈的睡莲在醒来，蓝色是毕加索的婴儿在呢喃。

三毛最初学的是山水画，师从黄君璧先生，拿一张白纸，用一支勾线笔，对着画本临摹山水。这是很有意思的事，不过三毛觉得太刻板，和学校的绘画课差不多，不愿意继续学了。

陈嗣庆又给女儿请了一个新老师，让三毛跟着邵幼轩先生学花鸟，画一些“戏鸭图”“富贵牡丹”。

其实，相比于国画，三毛更喜欢西洋画。有次，堂哥陈懋良送给三毛一本毕加索的画册。那个西班牙大师的作品，一下子就击中了她的心。她深深地沉醉于那抽象而深邃的线条里，她看到了生命。

毕加索顺理成章地成了三毛的头号男神，她把那本画册翻来覆去地看，渴望自己快点长大，能够结识这位画家。

真正促使三毛从国画转向西洋画的，是一个意外的小插曲。

有天，姐姐陈田心邀请朋友来家里做客，其中有一对姐弟，弟弟叫陈骕。玩到兴头上，陈骕大展身手，画了一幅激烈的战争图：战马倒地，白人中箭，红人号叫，篷车在大火里焚烧……大家热热闹闹地品评，热闹过后，没有人把这幅画放在心上，各自散了，但三毛却悄悄捡起了那幅画。

那幅画斑斓而有活力，感染了这个自闭的少女。

陈骕是学油画的，老师正是顾福生，是台湾小有名气的画坛新秀，是国民党高级将领顾祝同的公子。三毛悄悄地央求母亲，她也想学油画，缪进兰找到顾福生，几番请求下，他答应了收三毛为徒。

谁也不曾料到，这样一个看似偶然的机遇，竟然帮助三毛走出了困境，走上了文学的道路；而顾福生这样一个看似无关的陌生人，竟然成了三毛的人生导师，亦师亦友亦亲人。

第三章　相思只在，丁香枝头

第一次见到顾福生并没有想象中那么顺利。此时的三毛已经在家里躲了三年多，闭塞在那栋小小的房子里，没有朋友，没有社交，连和亲人的沟通都很少，吃饭的时候也是躲在房间里，因为姐弟们晚饭时会讲学校的事，而她不知道怎么搭话。她唯一的活动就是趁着没有人，在院子的水泥地上溜冰。

所以，当约定的见面日子到来时，三毛临阵退缩了，她根本没有勇气出门了：如果这次学油画又中途失败了怎么办？母亲会不会被她逼疯？她真的能学好油画吗？见了老师，她应该说点什么？

母亲打电话去顾家，抱歉地和对方解释，约定新的日期；三毛则躲在房间里，偷偷地撕扯着枕头。

好在她最后还是鼓起勇气，找上了台北泰安街二巷二号，那是顾福生的家。

那天她是空手去的，顾福生也没有为难她，问了一些简单的问题：喜欢美术吗？以前有没有画过？为什么想学画？真正让三毛卸下心防的是，当顾福生知道她没有进学校念书的时候，他表现得非常自然，似乎没有把这当成大事，也没有刨根问底，这让三毛一下子松了口气。

顾福生并不是专业的老师，但他却能打开三毛的心扉，和她毫无障碍地沟通，或许这是出于艺术家之间的吸引和理解。

那天，从顾福生的家里回来，三毛要求母亲替她准备一个新鲜的馒头，那是预备着下次上课时，用来擦炭笔素描的。

上课是在三天以后，但三毛是那么的迫不及待。这是一个好的开始，将自己封闭的少女，终于开始尝试着走出来，对新的人和事再次抱有热忱。

真正开始上课之后，这份热忱越来越浓烈。

顾福生实在是个好老师，他的课轻松而自由，“你看到了什么？”“还有呢？”“好，你自己先画，一会儿老师再来。”

三毛对着那张白纸和画架发呆，她感激顾福生的信任和理解，但她连握笔的勇气都没有。那天的画，是顾福生手把手带着她画的。

回家以后，三毛连晚饭都没有吃，把自己锁在了房间里。

越是喜欢，越想表现得好一点，越想靠近，可她现在没有这个能力。她越发地鄙夷自己，这种鄙夷不是坏的，藏着一股劲儿，就像我们坐在台下，看着一个优秀生在台上领奖，他优秀而美好，笑起来仿佛有光芒，你看着看着，忍不住就讨厌自己：为什么我做不到这个地步呢？我只能缩在肥大的校服，拿着一份不好看的成绩单。

在很多时候，我们都会有这样的自我怀疑和厌弃，其实那是我们渴望破土而出，想要成为更好的人。

三毛怀着焦灼的情绪上了几次课，越来越低落，最后忍不住向顾福生开口：“没有造就了，不能再累你，以后不要再来的好！”

她深深地察觉自己不够好，画不出像样的东西，连坐在教室里听课都不配。

虽然狠话是自己说的，心里却仍旧怀着隐蔽的期待，希望别人来反驳和制止。

这有点孩子气的别扭，其实呢，很多大人也有这种可爱的口是心非。当我们在某个选择前摇摆的时候，当我们在某个问题前犹豫的时候，我们往往习惯向旁人抛一张选择票，哪怕心里隐约有了倾向，也希望借助旁人的认同来肯定自己。

幸好顾福生理解了，他没有一口答应，也没有劝她继续学画，而是和三毛聊了起来。他安慰她：“你还那么小，急什么呢？”

那天他们没有学画，顾福生带她参观了很多其他的画，然后鼓励三毛去写文章。他能感觉到这个少女内心的丰富，或许，这种丰富并不一定要靠绘画来表达。

三毛之前也接触过中国古典小说、俄国作家、一般性的世界名著，可是捧回去的那些杂志却还是让她惊了一下。波德莱尔、卡缪、意识流、自然主义、卡夫卡……那是从未到达过的领地，在那里，三毛仿佛看到了自己。原来她的孤僻不是个例，原来她的痛苦是可以挣脱的。

再见顾福生的时候，三毛完全像换了一个人，她热切地和他分享着自己的读书心得。顾福生只是听，眼里露出欣喜的光芒。

他知道，他为这个小姑娘找到了路。

从这以后，三毛往画室跑得更勤了，她没有放弃油画，却将更多的心力放在了阅读上。每次下课，顾福生都会送她一些杂志和书。

她还是不爱出门，但对父母和姐弟的态度和善了许多。有一天上课的时候，她正在画一只水瓶，突然对顾福生说："老师……我写文章你看好不好？"

"再好不过了。"顾福生鼓励她。

在画室学习的第六个月，三毛写了生平第一篇稿件，交给了顾福生。

她心里还是忐忑的，暗暗地疑心自己写得太差，不好意思面对老师，干脆缺了一次课，等第二周才佯装无事地来了。

顾福生告诉三毛："你的稿件在白先勇那儿，《现代文学》月刊，同意吗？"

这对三毛不啻于狂喜。她把自己封闭了太长的时间，长到怀疑自己的能力，而周围人小心翼翼的态度和隐形的期许，其实也是一种反面的质疑。

当拿到那一期杂志的时候，三毛几乎是跑着回家的。

“爹爹——”她狂喊起来。

陈嗣庆夫妇以为她出了什么事，急匆匆地围过来。三毛连忙炫耀手里的杂志：“我写的，变成铅字了，你们看，我的名字在上面——”

陈嗣庆接过那本杂志，先是愕然，再是泪光一闪。

被《现代文学》刊登的文章，就是三毛正式发表的第一篇作品《惑》。

它和三毛后来的风格不大相同，或许是受那些杂志的影响，有明显的意识流手法。三毛写了一个受噩梦纠缠的小女孩，带了一些自己的影子，浑浑噩噩地寻觅和挣扎着。

不管怎么样，这篇小说是三毛的曙光，她终于从自己的世界里开了一扇窗。

她尝试着在不上课的日子出门，沿着那时的长春路、建国北路和松江路散步。

她在顾福生的鼓励下，拿着一张写了地址的字条，主动上门去交了一个好朋友陈秀美，对方也是个文艺作家。

她会留意起顾家的几个漂亮女孩儿。那是下课的时候，三毛拎着画箱，在顾家门口遇到了四个鲜艳的小姑娘。双方打过招呼，她们坐上车，嬉笑着走了，在这股明媚的画面前，三毛第一次意识到自己的粗鄙，她觉得自己像只丑小鸭。

爱美之心慢慢地涌出来了。

陈家就两个女儿，姐姐陈田心是学霸，年年做班长，永远穿着一身学校里的制服。三毛呢，之前从来没有讲究过穿戴，姐姐穿剩的、不合身的，就是她的。

她鼓起勇气向母亲开口，于是，缪进兰带着姐妹俩去定做皮鞋，姐姐照旧选了黑漆皮，而三毛摸着一张淡玫瑰红的软皮爱不释手。

鞋子做好以后，她欢喜得舍不得脱下来。

那时候，家里不肯给她们买洋装，凑巧有个国外的朋友送了一些礼物来，其中有个包裹是给旁人的，那是一件淡绿色的长毛绒上衣。

三毛偷偷地拆开看了，心里暗暗喜欢，那淡绿色的上衣配她的淡红色皮鞋，多么美啊，那是野兽派画家马蒂斯最爱的配色。

第二天下午，去画室上课的时候，三毛偷偷穿上了那件新衣服，配着新皮鞋。她心里藏着一个隐蔽的愿望：要是再碰到顾家那四个小姑娘就好了，她希望以一种同等明媚的姿态来结识她们，而不是像上次那样灰头土脸。

可是这次她们并没有碰到。

回家的时候，三毛发现衣服上不小心染了油彩，她怎么擦也擦不掉，而这时母亲正打算把包裹送出去。她急得没办法，用剪刀小心地剪掉了一圈长毛，就像修建草坪似的，然后慌慌张张地叠好，把包裹还了回去。

她一直记得这件事，记得画室外的那场碰面，它将一个不愿开口，不会走路，也不能握笔，更不关心自己是否美丽的少年，滋润灌溉成了夏日第一朵玫瑰。

第二节　你是我不及的梦

1961年的春夏时节，那天，三毛照旧来画室上课，结束后，她正收拾东西，顾福生突然说："再过十天我有远行，以后不能教你了！"

三毛呆住了，她下意识地封闭自己，拒绝去听这些话。

她那时的情况已经好了很多，但亲密的朋友就是顾福生和那些书，乍然要脱离这熟悉的关系，她有些本能的抗拒。

“将你介绍给韩湘宁去学，他画得非常好，也肯收学生，要听话，我走了你去跟他，好吗？”

三毛赌气似的拒绝了，顾福生笑了笑，把地址给了她。

那天，他破例陪她走到了巷子口。

顾福生决定去巴黎，那是那个年代的画家最想圆的梦，到世界的中心——巴黎看最著名最好的画。

临行前，他邀请三毛参加他的道别舞会。三毛去了，她穿着一件秋香绿的裙子，扎上缎子腰带，别着一朵绒花。

那天，她见到了白先勇，猝不及防地打了招呼。很多年后，她和白先勇聊起旧事，对方还能将她这一身装扮丝毫不差地说出来。

她就像一枚青涩的果子，还没有美丽的皮毛，仓促地展示着自己独一无二的灵魂。

顾福生离开之后，三毛开始跟着韩湘宁学画，这期间，她一直在坚持写作，因为她觉得那篇《惑》能发表，多多少少都因为顾福生和白先勇的帮助。

很快，她又发表了《秋恋》《月河》《极乐鸟》等。

从艺术上来看，这些作品并没有那么成熟，但它们更像一枚枚勋章，见证了三毛是怎样一点点找回自我，从泥潭里脱身。

正是这个时候，同为作家的陈秀美鼓励她：你要改变一下生活状态，回去读书。

三毛心动了，但她不想再回去读高中，想直接念大学，但哪所大学会接收一个在家休学七年的学生呢？

在陈秀美的建议下，三毛给文华学院的董事长张其昀写了一封自荐信，言辞恳求，详细地介绍了自己的情况，还附上了自己的作品。

当天晚上，她就收到了回信：陈平同学，即刻来校报到注册。

这并不是什么偶然的幸运，三毛虽然没有读过高中，但她在中国古典文化、西方文化、英语各方面的能力都很不俗，甚至比很多大学生都优秀。甚至，自闭症还造就了她深邃、成熟而独立的思想。

玫瑰花换一种名字，仍然会美艳，哪怕这美艳会姗姗来迟，但不会被夺去。

在学校，三毛很快成为了焦点。她很要强，即使是没有学过的东西，也会花费力气去弥补。她第一次参加考试时，因为没有接受过系统的训练，很多国学常识题都不会，考试没有过关。她拿着卷子去找老师："你看这样行不行，我交一篇文章来代替。"

她费尽心思写了一篇感人的文章，将自己的身世描写得凄楚可怜，虽然是编造的，但一下子就打动了老师。对方热泪盈眶，让她通过了这次国文考试。

除了学业，三毛在大学里的人际交往也不错。她阅读广泛，什么都能聊上几句，加上又发表过不少文章，大家都对她怀了一些敬佩的心理。而三毛一点也不倨傲，聊天的时候，从来不仗着自己的博学而对别人指点，相反，她很宽容别人的错误，一来二去，大家都喜欢这个成熟而有思想的才女。

我很认同一种说法，那些会在大雪纷飞里为他人撑一把伞的人，一定是曾经遭遇过天寒地冻。肺腑都冷过以后，才会刻骨铭心地记得，才会感同身受，才会不忍心再有人承受这种苦，才会时刻惦记着搀扶一把。

当然，三毛再怎么成熟，也是二十岁左右的小姑娘，她也有自己丁香般的哀怨，那是独属于青春的烦恼。

她喜欢上一个叫舒凡的男孩。

据三毛自己说，这并不是她第一次恋爱。她读小学时，班上排话剧，剧情是“牛伯伯打游击”，她演匪兵乙，有个男孩演匪兵甲，总共两人，乙爱上甲理所当然。

她还偷偷去庙里许愿：长到十六岁以后，一定要嫁给匪兵甲。

还没等十六岁，三毛早把人家忘得干干净净了，她的各方男朋友开始不知哪里冒出来了。她很大方，在家中摆架子——每一个男朋友来接她，她都要向父母介绍，不来接她就不去。这一点，作为父亲的陈嗣庆深以为荣，女儿有人欣赏是家门之光，他从不阻止。说起来，那都是小女孩的玩闹，三毛真正意义上的初恋应该是这段暗恋。

舒凡是男孩的笔名，他原名梁光明，是戏剧系大二的学生，算是三毛的师兄。他小有才情，才读大学不久，已经出了两本书，三毛原本是出于好奇，借了书来看，结果一颗芳心就此送了出去：这人太会写文章了。

她的喜欢或许并不纯粹，但很热烈。舒凡走到哪儿，她就跟到哪儿；舒凡去上课，她就坐在教室后面旁听；舒凡去小面馆吃面条，她就傻傻地坐在一旁，也点碗面条；舒凡坐公交车，她也挤上去，试图搭上话，可惜对方没有回应。

爱情最美好的地方或许就是这种求而不得和患得患失，三毛像所有青春期的女孩一样，愁绪千丝万缕，仿佛做茧，把自己深深地缚住了。

终于，三毛等来一个机会。那次，她又发表了几篇文章，收到稿费后，她在学校里请客，吃菜喝酒的时候，舒凡也过来了。同学们喊住他：“今天陈平拿稿费，她请客，大家一起聚聚！”

多好的机会呀，三毛暗喜，满心以为这次能和他说上话了。结果，舒凡喝了她递过来的酒，转身就和别的同学聊天去了。三毛一面难过，一面又安慰自己：他越躲三毛，表示他越看重三毛，不然他可以大方地和三毛说话呀！

恋爱中的女孩都是最好的编剧，一个眼神、一个动作都能演绎出很多爱恨，心里还不忘偷偷给它们做注解。

请客结束后，三毛一个人在操场的草地上走着，正郁郁寡欢的时候，看到了舒凡的身影。

他等着那里，等待是爱情的开始。

三毛不知道哪儿来的勇气，她走过去，从他衣袋里掏出一支钢笔，拉开他的手掌心，写下了自己的电话号码。这是她能做到的最大限度的主动了，她还了钢笔，不知道说点什么，也不须再说什么了，转身就跑。

那天，三毛特意翘了课，回家守着电话。只要电话铃声一响，她就着急地喊起来：“三毛的！是三毛的！”

因风爱柳，因雪爱梅，因为有了想要联系的人，才会格外期待电话铃声的响起。

守到五点半的时候，舒凡的电话终于打过来了，他约三毛在台北车站铁路餐厅门口见面，她毫不犹豫地答应了。

第三章　相思只在，丁香枝头

爱情就这样悄然而至。

校园里的爱情总是简单而真挚的，他们一起上课，一起交友，一起讨论文学，日子欢快得一晃而过，即便有小小的不愉快，也被恋人之间的甜蜜消弭了。

舒凡对于三毛的意义不只是一个初恋男友，他是她在情爱上的启蒙者，也是她生活上和写作上的陪伴与激励。在一个女孩的成长里，除却父母和朋友，恋人的角色是不可或缺，也是至关重要的。那个让她情窦初开的男人，在很大程度上会重塑这个女孩，所以失恋其实是一次新生和蜕变，可能更好，可能更坏。

陈嗣庆曾经公开感激过舒凡，他替代了父母无法充当的角色，给予了三毛很多正面的影响，尽管这段感情最后无疾而终。

三毛失恋了。

没有谁错谁对，和很多校园情侣一样，毕业临近的时候，爱情从浪漫跌到了烟火里。舒凡已是大四，很快就要毕业，而三毛刚刚升大三，她急切地想要把两人的关系稳定下来，主动提出订婚，等毕业就结婚。

舒凡拒绝了。他本来就比三毛年长，读大学前又当过小学老师，有自己的事业心，也有规划。他更愿意等经济稳定了再结婚，而不是这样着急忙慌的。

三毛更着急了，为了迫使他答应，她使出了“撒手锏”：要么和她结婚，要么就分手，她一个人出国留学。那时候三毛有个朋友在西班牙，于是，她故意制造了这样一个选择题，让舒凡做选择。

只有女孩才能懂得这样的“作”吧，越是没有安全感的时候，越会伸手把他往外推，期待他主动回来，从而获得一点安全感。

舒凡并不懂，很多的男士也不懂，所以他选择了分手。或许舒凡原本还在犹豫，但出国留学的选项摆出来时，他一下子就不犹豫了，甚至还会有为了她好的念头：能不能结婚是未知数，出国留学不是对她更好吗？

就这样，死缠烂打之后，三毛得到这样一个伤心的结果。

出国的前一天晚上，三毛仍旧抱着期待，约了舒凡见面。两人在房间里，听着收音机里播放的《情人的眼泪》，她也跟着哭了。

“我明天就要走了哦！你看呀！我明天就要走了，你真的不给我一个答案？”三毛希望他能开口挽留，这样她会毫不犹豫地撕了护照和机票。可舒凡只是低头，然后祝福她：“祝你旅途愉快。”

她尖叫了起来，又哭又叫地扑过去打他。

情到末路，就好像曾经的美人老了，自己难受，旁人看着也难受。

三毛只能选择离开。

第四章　天涯也有江南信，梅破知春近

“梅，一名楠，叶、花、实俱似杏差小，而花独优于杏……其枝樛曲万状，苍藓鳞皴，封满花身……盖梅为天下尤物，无论智、愚、贤、不肖，莫不慕其香韵而称其清高。”

梅花耐寒。

冰天雪地，玉树琼枝，什么都是白的，唯有梅花绽开一点点的红。那红色并不耀眼，也不显目，却好似火种，暖暖的，埋着春的消息。

它并没有漂亮的外表，小小的花瓣，老老实实，不够柔媚，不够风情。好在有幽幽的暗香，多了几分诗意，可惜又开在寒冬时候，招不来蜜蜂蝴蝶。

如果可以，没有女孩子愿意当一株梅吧？清高不过是个好听的标签，背地里都是寒风凛冽的痛苦，没有磨砺，哪来傲骨？

当娇滴滴的花更安逸呀，要什么傲骨？当一株牡丹，嫣然一笑，惊动春风；当一株荷，亭亭玉立，临水照花；当一株海棠，活色生香，及时行乐。

可是，人生总会此起彼伏，花总会经风历雨，安逸只是片刻的。

还是当梅花吧，寒风时，冰雪时，天地肃杀时，它想开花就开花，谁都阻挡不了。

第一节　西风不识相

离开台湾的那天，三毛身上只有五块的美金现钞和七百块的美金汇票单，即使是多年前，这也算不上很多，但这已经是父母能为她提供的最大支持了。

陈嗣庆是不同意女儿出国的，她性格有点怪，又刚刚失恋，去了国外，谁照顾她呢？说去留学镀金也不现实，三毛就不是一个本分好学的孩子，多半还是想出去玩儿。

三毛倒是很想得开："要去游学四海，半玩半读如何？"

听了这话，陈嗣庆更加犯愁。二十多岁的人，依旧耍着性子过生活，这让他们怎么放心得下呢？劝也劝了，拦也拦了，最后还是帮着打包行李，把她送到了机场。

三毛向父母跪下，磕了一个头，没有再说什么，也没有流眼泪，笑笑地，深深看了全家人一眼，转身走了。家人都挤在望台上看她，她走得很慢很慢，却始终没有回头。

母亲缪进兰哭倒在栏杆上，心都要碎了。后来三毛回忆说，那一刻她的心没有碎，是死了，怕死的。

她怎么会不怕呢，她也是第一次离开父母，远走他乡。在这之前，她只知道管自己叫中华儿女，管外国人叫洋鬼子。她压根儿不知道洋鬼子长什么样，偶尔从外祖父那里听来一些闲言碎语，都是陌生而新奇的。

三毛并不是很有规划的人，相反，很多事情她都是一时兴起。去西班牙的决定是临时而突兀的，是骑虎难下，甚至选择西班牙这个城市也是偶然。她对西班牙的了解很少，只是曾经迷恋过毕加索，看着他别墅的照片，信誓旦旦地说要上门拜访，当然她很快就把这个誓言忘了。

她自己在文章里写：之所以选择西班牙，只是因为在大三的时候，无意中听了一张西班牙古典吉他唱片，她被迷住了，开始向往那个陌生的国度，想象着迷人的田园、优雅的牧歌、小白房子、一望无际的葡萄园……

现实当然和她想的不一样，只会更糟糕。

抵达西班牙后，三毛被父亲的朋友接送到学校，住进一所叫“书院”的女生宿舍。同住的还有另外三个女孩，都是外国人，初次见面，彼此脸上都透着新奇和打量。

尽管三毛从来没有集体住宿的经验，但她很快就适应了。

刚开始的时候，室友间的氛围还是很融洽的，宿舍的内务整理比较繁杂：铺床、扫地、换花瓶的水、擦桌子、整理衣柜……但她们会主动帮三毛打理，态度友好，言语也很客气。

三毛高兴地写信回家：她们没有欺负我，我人胖了。

两三个月以后，矛盾开始出现了。室友们不再打理宿舍，轮到三毛一个人擦桌子，挂衣服，擦地，清理垃圾，而那三个姑娘笑容满脸地跑来跑去，还不忘夸赞她勤劳。

三毛提了几次，希望大家都能分担清洁工作，她们笑眯眯地答应，下次依然袖手旁观。三毛又是个坐不住的，看到房间脏了，会忍不住动手整理，一来二去，她成了宿舍的专职保姆。

渐渐地，不只是三个室友，同楼层的其他姑娘也开始使唤三毛：“三毛，天下雨了，快去收我的衣服”，“三毛，我在外面吃晚饭，你醒着别睡，替我开门”，“替我留份菜，美人，我马上赶回来”……

三毛那时候没有交男友，待在宿舍的时间比较多，于是各种事情都找上门来了，对方理所当然地提要求，还附赠一两句甜言蜜语，这简直无法拒绝。

最让三毛不开心的是，那些洋姑娘一个个翻她的衣柜。她有许多漂亮的衣服，搬进宿舍时，院长还特意分配给她一个大柜子，起初这个柜子是三毛专属的，混熟以后，人人都来找她借衣服，到最后，她们甚至不问自取，借走的衣服再没有还回来过。

女生之间的友谊就是这么玄妙，你退一尺，我就进一丈，你要是心里不舒服，我倒要埋怨你小心眼，没有把我当真朋友。

三毛起初也忍，还自欺欺人地安慰着，这说明我人缘好，后来她就不愿意忍了，因为会有人跑到她跟前抱怨：三毛，今天院长批评我们寝室了，你怎么没扫地呢？

善良也是需要一点锋芒的，不是掏心掏肺地给，那样只会换来予取予求的贪婪和不满足。他们将你的付出视作理所当然，没有感激，也没有回报，一旦你撤回那些善良，他们立刻翻脸，指责你无情。

矛盾的爆发是在一个晚上。

宿舍的女孩子们喝了酒，挤到三毛的床上躺着，一个个借酒装疯，闹得不可开交。三毛不喜欢别人在她床上折腾，提了好几次，但她们无动于衷，她气极了，一把拉开了窗户，冷风飕飕地灌进来。

“三毛，关窗，你要冻死我们吗？”有人大叫起来。

院长被引过来了，几个姑娘开始相互推诿，一致把矛头对准三毛，诬陷她在售卖避孕药，要赶她离开宿舍。

三毛又恼又怒，偏偏院长袒护那些洋姑娘，三毛干脆和她们对骂起来，抄起拖把，冲着那几个同学如雨点似的打下去。

大家都愣住了，有人尖叫，有人帮忙，有人阻止，整个宿舍楼都惊动了，三毛有点破釜沉舟的意思，一心要发泄累积的不满，连院长也没放过，拿过大花瓶，泼了她满身的水。

这场闹剧之后，宿舍的氛围一下子就变了：借出去的衣服都还了回来，再也没有人敢坐三毛的床铺，也没有人再使唤她。

三毛忍不住感叹：有教养的人在没有相同教养的社会里，反而得不着尊重。一个横蛮的人，反而可以建立威信，这真是黑白颠倒的怪现象。

这段宿舍生活只是小小的缩影，昭示着三毛的留学并没有想象中那么如意。

她是来躲避情伤的，心情常常很低落。她会写信回家，话里话外地打探舒凡的消息，但没有直接给舒凡写信，或许是理智抑制着感性，或许是对方没有回应。

也不是没有人追求她，有个日本同学家境很好，他对三毛情有独钟，常常大手笔地送礼物。三毛只敢收巧克力糖和鲜花，她以为这些价值不高，不会让人误会，结果那个同学每天都送鲜花到宿舍，然后有一天开口求婚了。三毛没有答应，那个日本同学就常常在她宿舍楼下站着，站了很久很久，她躲在窗户后面，既心虚又内疚，心虚的是收了人家那么多鲜花，内疚的是对他并没有爱意。

在这种情形下，她也没什么心思学习，只勉强学会了西班牙语。更多时候，她一个人去咖啡馆坐坐，去跳舞，去听歌舞剧，还染上了烟瘾。她不大跟父母提起这些，或许是觉得羞赧，拿着父母的钱在外面荒废。

其实三毛的生活也不算宽裕。冬天下了雪水，她没有一双好鞋子，走出去没多久，鞋子就被浸湿了，有时候更糟糕，鞋底脱胶了，根本穿不出去。三毛没有钱买新鞋，只能用皮筋扎起来，还得细心地选和鞋子同色的皮筋，为了避免被人看出来。

还有一次，三毛想买一只酒袋。她在电视上看到西班牙人狂欢，他们热烈地舞蹈，大口地喝酒，一只酒袋传来传去，她觉得非常爽快，也想拥有一只酒袋。可是她没有多余的钱，想来想去，只好花掉了准备用来拔牙的十美金。没多久，她牙痛得受不了，身无分文地去了诊所，好在遇到了一个善良的医生，免费给她打了一针麻药。

这些苦并不是白吃的，对三毛来说，甚至是必须的。她在家里闭塞了太久，也被保护了太久，对这个世界的认知都是通过书本，那是诗意化的、不真实的。她每每遇到一点磨难，就像剥开一点真相，接近生活的本来面目。

她学会了自己讨生活。

来西班牙的第二年，三毛开始尝试着去旅行，巴黎、慕尼黑、罗马、阿姆斯特丹，她没有找家里要一分旅费，靠着吃白面包、喝自来水撑着。

她学会了人情世故。

三毛和朋友一起吃午饭，两人各自买了个肉夹三明治，朋友又额外叫了一份炸洋葱圈。等三毛吃完时，对方邀请她："我吃不完洋葱圈，分给你吃。"她没有客气，吃了她剩下的那些。等到结账的时候，那朋友找她要半盘炸洋葱圈的钱，她免不了自嘲一番。

她学会了自我反思。

曾经有对夫妇很是照顾三毛。他们很好，有独栋洋房，开着一家成衣批发店，还经常邀请三毛到家里做客。有天晚饭前，他们很高兴地说要给三毛一个大惊喜，原来他们想领养三毛做女儿，愿意把所有财产都给她，但前提是三毛要一辈子陪伴他们，不能结婚。他们理所当然地觉得三毛会答应，并且觉得这是一份天大的恩赐，三毛心里很不痛快，一再反省自己的性格，是她的懦弱和纵容才成就了对方的自大。

在远离故土的地方，三毛就像一株梅，默默地承受了风和雨，坚强地绽放出小小的花。那只是开始，那只是春天的使者，还有更盛的芳华在等着。

第二节　闹学记

三毛刚到西班牙，是就读于马德里文哲学院，后来转到了德国，就读于歌德学院。

刚到学校，她就给所有同学和老师来了一个特别的露面，大家一下子记住了她。

原来，三毛申请的宿舍是男女混住的，一人一间，既方便，又自由。她隔壁住着一个冰岛姑娘，或许是同性相斥的原因，对方从来不和她说话，每次见面都没有脸色，三毛自认对方是嫉妒的原因，因为她穿深色丝袜和短短的迷你裙，漂亮大方。

三毛正忙着啃德文，而冰岛姑娘叫了大批的男朋友，晚上常常带回来，在房间里开派对，啤酒、美食加音乐，闹到半夜还不停歇。三毛忍无可忍，十二点半时去敲门提醒，对方气冲冲地推开她，锁上门，照样狂欢。

有了在西班牙的住宿经验，三毛处理这种问题已经很得心应手了。第二天，她就旷了课，特意跑到学生宿舍管理所去投诉，要求这位冰岛姑娘搬走。对方婉拒了她，理由是没有证据，三毛毫不气馁，第二个星期又来了，这次还带来了一卷录音带，内容正是每晚不曾中断的噪声。

第四章　天涯也有江南信，梅破知春近

很快，那个冰岛姑娘悄无声息地搬走了，三毛一下子就在学校里出名了。走在路上，总有学生说她“出风头”“爱吵架”“丢中国人的脸”……三毛可不管这些，她一心准备着考试，她需要拿到初级班结业证书，然后考中级、高级，拿到这些语言证书以后，才能入读西柏林自由大学，那是康德、尼采的故乡，也是她的目标。

课业繁重，就像身后有人拿鞭子逼迫似的。三毛不得不打起精神来，每天上课五六个小时，课后有作业和背诵，加上阅读，常常要花上十六个小时以上学习。

她这时还交了个德国男朋友，对方是个货真价实的学霸，比三毛更用功，连睡觉的时候都放着录音机，播放每天念过的书。

他一心想当外交官，没有任何时间来风花雪月，三毛和他约会，也总是在图书馆，一起念书，或者他帮助她做功课。

在这样的努力和刻苦下，三毛拿到了德文教师资格证。

和在西班牙的时候相比，三毛不仅更用心于学习，也更懂得享受生命。除开学费和住宿，她这时候的生活费是每月九十美金，仍然不够用，但三毛开始学着自己挣钱。

有天，三毛在报纸上看一则征集模特的广告，工作内容是现场推销香水。对方要求是美丽的东方女孩，三毛对着镜子看

了看，自觉可以胜任，于是寄了好几张照片过去，当然都是一些精心挑选的美照。

三毛并不意外地从应聘者中脱颖而出，她忍不住小小的自得：每天可以拿四十美金，工作十天，那就是四百美金，比父亲寄的两个月生活费还要多。而且被选中这个事情，充分证明了她作为女性的魅力，有什么比这更让人开心的呢？

尽管学习很紧张，三毛还是选择了旷课去拍广告。她租了一件“东方衣服”，墨绿的段子，宽襟长袖，绣着金色的菊花，虽然简陋，穿在身上却多少有点古典韵味，衬着那张年轻的脸蛋，红唇青眉，谁能说不好看呢。

1971年，三毛飞往美国，她向伊利诺伊大学申请到了一个主修陶瓷的学习机会。

在那之前，她和德国男友分手了。

对方是求过婚的。他如愿以偿地进了外交部工作，约三毛一起去逛百货公司，他挑中一床被单，征询她的意见。三毛点头了，她也觉得那颜色好看，于是他买了下来，那是一床双人被单。

这是一种含蓄地试探了，他们已经交往两年，他希望能娶她。

从百货公司出来，三毛突然发脾气了，死活不讲话，他怎么劝都没辙，眼里含着泪花。于是，他们又返回去，退了那条被单。

办理退费的时候，他仍然怀着希望，追问了一遍："你确定不要这条床单了吗？"三毛这才开口："确定不要。"

他们随后去餐馆吃饭，坐在饭桌前，他悄悄迸出了眼泪。

这段感情就此结束了。

听起来有些莫名其妙，也有些突然，但感情就是这样，需要冲动和契机，错过了就是错过了。三毛其实对这位德国男朋友并不是没有感情的，那条买了又退的床单，她不见得是真的不想要，可能只是他给的方式太潦草，可能只是他退的时机太快。

即便是两心相知的感情，水到渠成，这种求婚方式也太家常了。哪个女孩子不渴望浪漫一点、梦幻一点、心悸一点？如果说爱情是灿烂的，婚姻是沉稳的，那求婚更需要仪式感，需要献身的自我感动和英雄情结，那表示我们愿意从激情过渡到平淡。

三毛离开德国时，他一路送到机场。临别的时候，他说："等我做了领事时，你嫁，好不好？我可以等。"

他等了二十多年，始终没有等到。

初到美国，在海关入口，移民官问三毛："你来美国做什么？”三毛笑着回答：“我来等待华盛顿的春天。”

这段旅程对她来说，是刺激而又迷人的。

三毛有两个堂哥在美国，但他们都不赞成三毛过来，在他们眼里，这个小堂妹除了一点外语技能和满脑子的哲学，压根儿没有什么求生技能。

三毛瞒着他们，提着两个行李箱，独自到了美国。落脚点是事先托朋友找到的，一幢木造的平房，和其他两个美国女生合住。

她还给自己找了一份工作，她要自己养活自己。新工作很轻松，是在伊利诺伊大学法律系的图书馆负责英、美、法各国书籍的分类。

等到哥哥们再次接到她的电话，那已经是一个月以后了。小堂哥又惊又喜，他刚好有个研究所的同学在伊利诺伊大学读博，于是就拜托这个同学照顾三毛。

原本是朋友之间的情谊，等博士见过三毛之后，这份照顾就悄悄变了意味。

他每天中午休息的时候，会准时送一个纸口袋给三毛，里面装着一块搭配丰富的三明治、一只白水煮蛋和一枚水果。

这份体贴和坚持里面，藏着一个男人小心翼翼的爱意。

三毛不是不知道，但她没有心思谈恋爱，她很享受美式教学，忙着读书，忙着交朋友，忙着在课堂上舌灿莲花。

三毛到学校的第一天，就喜欢上这里了——轻松自由，太符合她的性格了。老师艾琳评价她：“我们得到了一个多么有趣的新同学。”

他们会在上课的时候聊天，不按着课本走，最常做的事就是故事接龙。老师分享一个故事，大家纷纷来编写结局，把悲剧改成喜剧，再改成悲剧，过程中总是充满了欢乐。老师还笑着鼓励三毛：“喂！你可以出一本书，把全世界文学名著的结局都改掉。”

他们会在上课的时候举办一个小型的茶会，有人带小蛋糕，有人带糖果，有人带茶水，有人带漫画。然后，大家围坐在一起，相互品评对方的衣服，或是交流刚看的小说。

他们会约着去看电影，去赶场大减价，去参加音乐节，去小酒店里坐坐。

三毛最喜欢的是艾琳老师，她教英文，看不出年纪，时不时顶着全新的发型，戴小耳环，穿新背心，满脸的笑容让人忍不住想要亲近。

她从来不盯着书本，不强迫学生们背单词，却会在春天的时候，招呼学生们下课后去杏花、梨花树下睡个觉。

多么富有情趣的老师。好的老师就应该像这样吧，不是想着把一桶水倒给学生，而是像一朵花叫醒另一朵花，像一片云推动另一片云。

三毛在课堂上尤其受欢迎，她会讲故事，满脑子奇特的想法，和艾琳老师的风格不谋而合。她就像一只云雀，找到了同伴，在山林里自由地飞翔。

有一次，他们学到“松鼠”这个单词，有同学听不懂。三毛手舞足蹈地给他们解释：“是一种树林里的小动物，有着长——长——毛——毛的尾巴，它吃东西时，像这样……”说着，她拿出一颗糖果，做出松鼠吃东西的样子，逗得大家哈哈大笑。

这时候，有晚到的同学来了，看到三毛，连忙大声求救：“快点拿作业给我抄。”三毛笑嘻嘻地把习题本扔给她。她不讲话，口里咬着水果糖，哗哗地开始抄作业。

又有一次，三毛和同学们约着去报一门叫“画廊游戏”的选修课，他们想象中的课堂是全班人由老师带着，一家一家地去逛画廊，看完再去一家情调午餐，吃完才算下课。结果三毛上了五次课以后，再也不想去了，她说“没品位、没品位”。

没多久，中国春节来了，艾琳老师和三毛张罗着“过年”，邀请了很多其他班的老师和学生。三毛做了一场精彩的演讲，从灶神到年兽，再到十二生肖，惹得同学们拼命问问题：“我属猪，跟谁好一点？”“那属蛇的呢？属蛇的又跟哪种动物要好？”

到了情人节，三毛准备了一大堆精致的卡片，印着美丽的花朵，写着：送给一个特别的人。班上的同学每人领了一张，写上自己的心里话，悄悄地，还画了好多甜心和吻，然后若无其事地堆在讲台上——这是三毛的主意。果然，艾琳又惊又喜，大家抱在一起，欢呼着：“情人节快乐！情人节快乐！”

这段留学记忆充满了欢快，春天来的时候，三毛忍不住给家里打电话，跟父母分享自己的生活：她这里花开了，她已经换上了凉鞋，她上课很用功……

蓝天白云般的心情，甚至等不及写信，因为写信到得太慢，她迫不及待地要宣示自己的快活。

第三节　约会

看过三毛照片的人都会明白，她并不是什么大美女，但她有自己独特的风采。她总是神采奕奕的，一头长发飘舞着，不肯安分，就像她热闹的灵魂。况且她年轻，年轻的脸庞就像清晨，任谁见了都觉得心旷神怡，若是笑起来，那更是霞光万丈的好天气。

很多男同学都迷上了三毛这张风情的东方面孔。

在和德国男友交往时，有一次，三毛的考试不理想，对方批评了她一顿，两人陷入冷战。三毛在气恼下选择了逃学，她把书包埋在雪里，到东柏林办理签证，打算穿过柏林墙，去朋友家里过圣诞节。

她被拒之门外，因为她拿着“台湾护照”，办不了签证。

三毛郁郁寡欢，几乎要哭出来了。这时，一个英俊的军官出现了，他默默关注着这个美丽的东方姑娘，主动上前来问候她。三毛醒悟过来，她是个年轻而好看的姑娘，笑起来能打动旁人，她一下子就被安慰了，大胆地和这个军官搭讪：她想要去东柏林，但她没有签证。

她的魅力征服了这个军官，对方给予了热情的帮助，带着她办临时签证、拍快照、送她出关。

他有一双深邃而温柔的眼睛，蔚蓝如湖水，三毛觉得自己深深地跌落在里面了。

回来的时候，三毛从另一个关卡出去，她心里偷偷地遗憾着，恐怕是见不到那个军官了。让她意想不到的是，那道英挺的身影就等在关卡口，原来他特意绕过来，为了再见三毛一面。

军官把她送到车站，隆冬的暮色里，这场离别无声而凄楚。三毛甚至闪过一个念头，不如不走了，留下来。她哽咽着，他硬起心肠，明知道这是一场没有结果的邂逅，把她推上了车。

三毛一直记得这幕，遗憾而惊艳，尘封成老照片。

来到美国后，三毛已是单身，追求她的男同学更多了。

有个法学院的学生，约三毛喝咖啡，吃“唐纳子”甜饼，他们聊得很开心。他把车开到校园美丽的湖边，放了音乐，情不自禁地拥抱她。

三毛拒绝了，对方还算绅士，送她到宿舍楼下，临走时，很干脆地问道：“三毛，你介不介意刚刚喝咖啡的钱我们各自分摊？”

于是，两个年轻人在美丽的月色下分账，实在是遗憾而不罗曼蒂克。

这期间，哥哥的博士同学一直在追求三毛，每天送爱心午饭。征服一个胃，再来征服一颗心，或许这是他的爱情伎俩，可惜三毛并不领情，她隐约察觉到一点意思，不愿再接受这份殷勤了。

哥哥的电话便打了过来。到底是同学，对人家知根知底，哥哥的态度还是乐见其成的。他苦口婆心地劝三毛：我这同学人太好，你应该做聪明人。

什么是聪明人呢？在爱情这件事里，无非就是占据主动权吧。都说女人应该找个爱自己的男人，而不是自己爱的，这样快乐会多过悲伤，收获也会多过付出。然而，爱情本来就不是能锱铢必较的，也不是能理性选择的，没什么说“应该”？它没有应不应该，只有当你抽身而退，站在局外人的立场，才能有这种判断，那时候其实已经没有爱情了，只有算计。

有的人可以，有的人做不到，各自选择而已。

哥哥的话有道理，这是一个踏实的老实人，是一个不错的选择，可三毛要的不是选择。

终于有一天，博士同学主动表明了心迹，在某次送完午饭后，他试探地问三毛：“现在我照顾你，等哪一年你肯开始下厨房煮饭给我和我们的孩子吃呢？”

这可不是什么高明的表白，难道之前的那些爱心午饭，只是为了换取她将来下厨房吗？他不见得这么想，话却说得笨拙，笑容满面地问一句：若是吃得开心，我可不可以一辈子煮给你吃呢？多好，柴米油盐里都裹挟了浪漫。

偏偏要提孩子和厨房，都还没有得到人家姑娘的爱情，倒一五一十地计谋着婚姻了。三毛本就对他没什么恋爱的感觉，这时候让她结婚，又怎么肯答应呢？

这段追求以三毛的回国而告终。

1970年，三毛接到母校文化学院的聘请，她决定回台湾。

原本就是一次解脱之旅，走过长长的路，看过不同的人，见识过多姿多彩的风情，于是摸爬滚打的成就了新的自我。

回到原地，重新开始。

这一次，是博士同学送她上飞机。他是真心诚意的，即便遭到了拒绝，仍然想争取一个机会。他说："我们结婚好吗？你回去，我等放假就去台湾。"三毛没有回答，伸手替他理了一理大衣的领子。

她内心却是坚持己见，能给的温柔，也只能是沉默，不忍疾言厉色地拒绝，同样不忍给他虚无的希望和等待。

在他依依不舍的注视下，远游的三毛回家了。

陈嗣庆又惊又喜，喜的是女儿似乎从情伤中走出来了，开朗活泼，还古灵精怪；惊的是她连中文都说不利索了，和家人交流起来简直鸡同鸭讲。

三毛自己说，这是脑筋还没转过弯来。她回家第一天，早晨醒来，想问问母亲几点了，张口就是西班牙语，两人都愣了。缪进兰听不懂，三毛急了，连忙打手势，比画着要刷牙。好不容易讲出中文，又闹出了各种笑话。

有一天，三毛在厨房看见一只蟑螂，她又叫又跳："有一只虫在地上走路！"陈嗣庆哭笑不得，纠正她："那叫爬！"三毛连连点头，称赞这个词用得好。

家里人都被她逗笑了，她自己也笑。这大概是职业病，她回台湾后，先后在几个学校任教，教授德语，对语言格外敏感。

爱女回来，陈嗣庆格外高兴，为了弥补这几年缺失的亲情，他天天拉着三毛去打网球。为此，他还特意给女儿买了装备：球拍，球衣，还有一辆脚踏车。每天清晨，父女俩一同骑车去球场，你来我往，此呼彼应，相处很融洽。

就在这时，一个画家走进了三毛的生活。

他们是在咖啡馆认识的。教师这个工作并不忙，三毛有大把的空闲时间，除了网球场和书店，她最爱去咖啡馆，选个视野好的角落，安静地打量来来往往的人，乐趣无穷。

她并没有意识到，自己在别人眼里也是一道风景，直到有一天，那个画家主动来向她搭讪。

那是个青年画家，不算英俊，但有着艺术家独特的气质，忧郁而迷人，他关注她很久了。

喝过几次咖啡之后，他们慢慢熟悉起来，三毛接受了他的邀约，去他的画室。或许是因为曾经有过绘画经验，三毛和他有很多话题，她甚至觉得对方的画独具一格。这当然是情人眼里出西施，他只是个默默无闻的画家，多年的不得志让他郁郁寡欢。

为了宽慰他，三毛热心地介绍他入基督教。我总是猜测，这份热忱里多少有些移情的作用，她看着这个落魄的画家，就像看到了多年前的自己——同样的不被理解，同样的挣扎和迷惘。

如果这也算是爱，那么，这份爱里更像是临水照花的自恋。

当三毛提出要和这个画家结婚时，全家人极力反对。这段恋情来得太突兀和仓促，而婚姻要慎之又慎地考量，在陈嗣庆和缪进兰的眼里，一个性格古怪的画家并不适合他们性格古怪的女儿。

事实证明，他们是对的。那个画家竟然是个有妇之夫，所谓的精神苦闷，只是拿来哄骗三毛的借口。在真相被揭穿之后，他依然纠缠不休，三毛大受打击。据说，为了息事宁人，陈嗣庆拿出了一幢房子做交换，才替女儿摆脱这个无赖。

不管多么大度的女孩，对待遇人不淑这件事，总是会耿耿于怀。她们怜惜自己被浪费的感情，就像怜惜好白菜被猪拱了，这不是最难堪的，在越来越多的人公认这个事实后，她们很容易被安慰，甚至产生优越感：好白菜还怕没有销路。最让她们难堪的其实是自己，我怎么会给他糟蹋的机会？我是瞎了眼吗？

所以，她们心里过不去的坎并不是那个错的人，而是由这个人产生的自我厌恶和自我否定。

三毛低沉了一段时间，不过很快，她沉浸到另一段感情。

他们相识于网球场，对方是个德国人，比三毛年长很多，成熟稳重。这段交往是陈嗣庆默许的，三毛自己也愿意，当对方在台北的星空下问她："我们结婚好吗？"她真心实意地点头答应了。

婚期定了下来，他们一起去印喜帖和名片。名片是他特意设计的，两个人的名字排在一起，一面德文，一面中文，连字体都挑了很久，材质也是选了又选，最后定的是薄木片。

他们都满心欢喜，一再跟店老板确认：半个月以后，准时要。

可是，一直到今天，那盒名片和喜帖都没有人去取过。在结婚前夕，那个深情的德国未婚夫突然离世。

医生说是心脏病突发，抢救不及，在爱人的怀里，他慢慢闭上了眼睛。

这是三毛一生最初的痛。

第四章　天涯也有江南信，梅破知春近

如果说初恋只是伤在肌肤，随着时间的流逝，尚且有浅浅的痕迹；那么，未婚夫的逝世就像伤筋动骨，即使康复，也会留着后遗症。

死亡就像照相留影，时间会过去，记忆会淡化，但那一刹那的感情会被永久留下来。三毛被那得而复失的感情所折磨，痛苦之下，她选择了自尽，吃了大量的安眠药。

她还太年轻，其间还有一段漫长的自闭，从黑暗里挣扎出来，在明媚世界里打了个转，立刻又见到了黑暗的来临。就像蝴蝶的幼虫，童年时丑陋着、挣扎着，好不容易破开茧，翩翩而舞，遇到阳光和清风后，以前的苦痛都可以当作考验，但如果这种考验再来一次，痛苦是双倍的。

幸亏家人及时发现，将三毛送到了医院，她在生死线上被拉了回来。

第五章　郎似桐花，妾似桐花凤

“梧桐，一名青桐。木无节而直生，理细而性紧。皮青如翠，叶缺如花，妍雅华净，新发时赏心悦目，人家轩斋多植之。四月开花嫩黄，小如枣花，坠下如醭。”

梧桐是高洁的。

古人读书，会在窗前种几株梧桐。天晴时分，看枝叶扶疏，深深浅浅的，拓印在地上，清远得如同一幅画；落雨时节，听雨过桐叶，淅淅沥沥的，敲打着窗扉，寒凉得如同一曲琵琶。

它可以入诗，“寒心生蟋蟀，秋色傍梧桐”。

它可以成曲，“雨湿寒梢，泪染龙袍，不肯想饶。共隔着、一树梧桐直滴到晓”。

它可以伴月，“月如钩，寂寞梧桐深院锁清秋”。

它可以佐酒，“叶叶梧桐坠，绿酒初尝人易醉”。

有些感情就像对梧桐的喜欢，朝夕相对，仍旧心怀仰慕。

第一节　大胡子与我

带着满身伤痛，三毛再一次离开台北，飞往西班牙。

为什么要流浪远方？为什么要把他乡当作故乡？是因为那个生她育她的地方，再也无法给她慰藉，关于痛的记忆越多，关于温暖的渴求就越浓厚。

那就只能离开，去寻找天空飞翔的小鸟，去寻找山间轻流的小溪，去寻找宽阔的草原，去寻找梦中的橄榄树。

飞机降落在马德里机场，她仿佛回到过去那段初次留学的时光，一切都是新的，一切都还来得及。

当然，时光还是悄悄改变了一些东西：她不再是为生活费发愁的穷学生；她不用再住进矛盾重重的学校宿舍；她有了稳定的工作，仍然是做小学教师，薪水足够养活自己；她找了房子，和三个西班牙女生合住，关系融洽。

怎么样才能从一段伤心的感情里走出来呢？在形形色色的为情所伤里，有人故步自封，把感情执着成一颗琥珀，在记忆里自动美化，随身佩戴，就这么耗完一生；有人守株待兔，一边在原地伤心，一边等着新欢出现，以新换旧，用一个男人来忘掉另一个男人；有人杯弓蛇影，只爱白衬衣，只爱一头长到腰部的黑发，再也不接触抽烟的男人，再也不相信“我爱你”。

我们的日子那么久，那么远，爱情就是一场长跑，可能是累死累活的冲刺赛，也可能是你走我来的接力赛。不管到底是哪种形式，不管曾经是笑或泪，我们自己都是要埋头赶路的，都是要继续向前的。

三毛或许做了一个正确的示范。

她会不遗余力地取悦自己，约上两个室友去看电影；或者借邻居的狗，踩着夜色去散步，天气好的时候，还能看看星空；或者和朋友们去学生区唱歌，因为比较便宜，在小酒店里，一群年轻的男女拥挤着，大声地唱歌，不时地拉着伴儿，跳着简单的舞蹈，偶尔奢侈一回，还能喝几杯红酒；或者买几本自己爱看的书，比如惠特曼的《草叶集》，一个人躺在床上翻阅，可以熬过整个晚上。

她会费尽心思地打扮自己，穿一袭长长的曳地礼服，再披一件毛皮大衣，把头发全部梳上去，戴着长长的流苏耳环。即使是在臃肿的冬天走出去，这也是令人惊艳的风景。

她会脑洞大开地提升自己。比如她有一回突然想创业，萌生了倒卖衣服的念头。于是，她联系台湾的朋友，将一批西班牙服装倒卖到日本，想从中挣取一些差价。为此，她兴致勃勃地请客吃饭、找人脉、托关系，虽然最后生意失败了，但这段经历也是有趣的。

她这时候并没有恋爱的打算，但一个叫荷西的男孩却勇敢地打开了她的心扉。

荷西是西班牙人，原名Jose，荷西这个中文名是三毛取的，她原本是想叫他“和曦”，因为他的性格温和，阳光开朗，如同晨曦。

时间要倒退到六年前。

那时候，三毛还是个留学生，没什么钱，身边却有一大堆朋友。他们相识于圣诞节的晚上，三毛在朋友家，荷西刚好来登门拜访。

西班牙有个特别的风俗，在圣诞节晚上，过了十二点，邻居之间就会相互上门拜访，一家家地恭贺，并说：“平安。”荷西从楼上跑来，看到他的第一眼，三毛就感到惊艳，怎么会有这么英俊的男孩子呢?

见美心喜，无人免俗，三毛在心里忍不住幻想，如果有一天可以做他的妻子，在虚荣心上，也该是一种满足了。

这种幻想并没有情爱的因素，只是出于对方外貌的一种恭维。他明显比她小，事实上，他当时不到十八岁，她不自觉地代入了姐姐的角色。

荷西的家就在朋友家附近，那里有一个很大的院子，每每三毛去找朋友，总能碰上他。有时，他们也会一起在院子里打棒球，或者约着去逛旧货市场，哪怕什么也不买，心情也是快乐的。

谁也不知道，那个英俊的大男孩是什么时候情窦初开了，他悄悄地将一颗心遗落在三毛身上。

有一天，三毛正在宿舍里读书，同楼层的室友跑过来，兴奋而又揶揄地说："Echo，楼下你的表弟来了！"

"表弟"在西班牙里有嘲弄的意味，一群女孩子都乐了，不断地取笑三毛，嘴里嚷嚷着"表弟来咯！表弟来咯！"三毛既纳闷又不解，下楼一看，原来是荷西来了。

他抱着几本书，手上还捏着一顶常戴的法国帽，有些紧张和局促。他也没有勇气到会客室坐着，傻傻地在宿舍楼外面的一棵大树下站着。

三毛有些生气，他怎么会突然独自过来呢？而且是在上课的时间。

荷西从口袋里掏出十四块西币。原来，他特意翘了两节课，想要约三毛去看电影。在三毛面前，他很羞涩，因为害怕她不答应，也因为他没有多余的钱打车了，两人只能走路去电影院。

是谁说过，爱情是无法掩饰的，它会从眼睛里偷偷跑出来。三毛察觉到不对劲了，她犹豫了一下，还是答应了他的邀约。

为了不让这个大男孩尴尬，她体贴地建议，就在附近电影院看，这样就不须花钱打车了。

本以为只是一场电影而已，结果，第二天荷西又逃课来找她了，第二天、第三天同样如此。

三毛严厉地批评过他几次，总是逃课怎么行呢？荷西不听，总是站在那棵大树下等她，渐渐地，女生宿舍的人都认识他了，常常拿他开玩笑。

他们都没有什么钱，每次出去，要么看一场便宜的电影，要么就在街上闲逛，要么去翻翻垃圾场里的废物，偶尔捡到一两只好看的铁钉……不管做什么，两人相处的时光还是快乐轻松的，尤其是对荷西而言。

在一个冬天的早晨，荷西照旧来树下等三毛。天气太冷了，他们没有地方可以逛，就把横在街上的板凳，搬到地下车的出风口，每当地下车经过，就有一阵热风吹起来，就可以暖和一些。

他们坐着闲聊，荷西说起了自己的梦想：“我一生的想望就是有一个很小的公寓，里面有一个像你这样的太太，然后我去赚钱养活你。”他希望三毛可以等他六年，四年念大学，两年服兵役，然后就领证结婚。

三毛被他的话震慑到了。她当然感动，一个年轻男孩子的爱情是很打动人的，简单而诚恳，和欲望无关，和钱财无关，他渴望和你柴米油盐地过日子。

但是三毛拒绝了，不仅如此，她还很残忍地要求：“你从今天起不要来找我了。”

女性总是更理智的。尽管三毛自己也承认其实挺喜欢这个大男孩，可是当对方认真地提出六年之约时，她不忍心再继续这种浅薄的喜欢，然后给对方虚无的希望。她比荷西年长，大学也即将毕业，一年以后的事情都无法确定，更何况是六年以后呢？

对方太诚恳而用心，以至她不能轻忽和怠慢，不能辜负这个男孩的心动。

他们走到一个公园的小坡前，三毛停住了。她说：“我站在这里看你走，这是最后一次看你，你永远不要再回来了。”

荷西回答：“我站这里看你走好了。”

其实都是温柔的人啊，在原地目送一个背影，往往是一种情深。先转身的人，总是更潇洒，也更有安全感，因为背后始终有注视和陪伴。

三毛坚持己见，她有些矛盾，既害怕伤害到这个初恋的年轻人，又担心他越陷越深，继续纠缠自己。她甚至放狠话："从现在开始，我要跟我班上的男同学出去，不能再跟你出去了。"

荷西很痛快地答应了，尽管他心里难受，他希望自己能表现得成熟一点，让三毛改观，不要把他当小孩子。

他开始慢慢地跑起来，一面跑一面回头，一面回头，脸上还挂着笑，口中喊着："Echo再见！Echo再见！"

那天晚上下了雪，荷西在那片草坡上跑着，一手挥着法国帽，仍然频频回头。三毛就静静地站着，有那么一瞬间，她心软了，几乎叫住他，但她忍住了。

她并不知道，在回去以后，荷西流了一夜的眼泪，心碎得想要自杀。

此地一别，便是六年。

三毛回台湾后，还曾经收到过荷西的信，信是托朋友转交的，他慎重地嘱托：如果三毛已经忘了我，那就不要再提这封信了。

三毛当然还记得，不过，记忆里的那个男孩已经悄悄长大了。信封里夹了一张照片，荷西穿着一条泳裤，在海里抓鱼，英俊而高大。她笑着打趣："这是希腊神话里的海神嘛。"

这个"海神"依然还眷恋着三毛，他试探性地又提起了那个六年之约。

三毛没有回信，她让朋友转告荷西，捎带一声谢谢。

情深无以为报，只能致以谢意。

不得不说，感情有时候真是草蛇灰线，伏埋千里，谁能想到在兜兜转转之后，那个曾经被拒绝的男孩会是三毛的一生挚爱呢？又或者说，时机真的很重要，两个人从相爱到相守，回过头来看看缘分，就会发现，初相识好像并没有什么特别预示，甚至在正式见面之前，你们其实也知道彼此，偶尔打过照面，或者听谁说起过，但那时候都没有开花结果，是在漫长的酝酿之后，缘分才找了一个时机懵懂。

三毛和荷西的时机就是在六年后的重逢。

在三毛回到西班牙后，荷西的妹妹极力鼓动她给军营写封信，因为这时候，荷西正在服最后一个月的兵役。

未婚夫过世的阴影还在，三毛找了个借口推辞：我已经不会写西班牙文了。

荷西的妹妹怎么会轻易放过这个机会呢，她太知道哥哥的心意了，索性将计就计，让三毛写了一封英文信。三毛拗不过她，草草地写了一行字："荷西！我回来了，我是Echo，我在

××地址。”

收到信的荷西又喜又急，喜的是三毛竟然给他写信了，急的是他看不懂英文，压根儿不知道她说了些什么。无奈之下，他跑遍了整个军营，想要找人帮忙翻译，结果无功而返。

虽然看不懂，但荷西还是想给她回信，他想来想去，想到了一个好办法。他剪了很多漫画，精心地贴在信纸上，还用笔勾画出一个漫画小人，代表自己。

车马太慢，邮件要慢，可是爱一个人的心情很急。

写完信以后，荷西立刻给三毛打了一个长途电话，他马上就要结束兵役，想要赶去马德里看望她。

三毛答应了。

可是，到了约定的日子，三毛已经忘了这个约定，她和朋友们出门了，闲逛了一整天。等傍晚回来，室友告诉她，有个男孩一直打电话过来，似乎有什么重要的事情。

三毛想了一会儿，并没有意识到是荷西回来了。这时，电话又响了，有个要好的女友找三毛，说有件重要的事，让她赶紧过去。

三毛没有多想，等她到了女友家里，对方神秘兮兮地说要送她一个惊喜。她闭上了眼睛，突然，后面有一双手臂抱起了她，她诧异地睁开眼，荷西仿佛从天而降，微笑地站在眼前。

他穿着枣红色套头毛衣，她穿着一条曳地长裙，他抱着她兜圈子，笑声充满了整个客厅。

丢失的东西，若是有缘，它会自己找到回来的路，其实人也同样如此。

第二节　结婚记

久别重逢，更像是时间的一场魔术，新人变故人，故人也有了新变化。

这六年，匆匆而过，为初恋远走他乡的少女，如今依旧伤痕累累，哀痛着未婚夫的离世；而那个在树下等待的少年，已经成熟了，有了自己喜欢的事业，更坚定，也更勇敢。

如果说，从前他们相识时，三毛还有一种充当姐姐的感觉，那重逢以后，荷西完全成长为男子汉了。他会在三毛写稿焦虑的时候安慰她，甚至点醒她：不能为了挣取一点稿费，而让自己陷入写稿的焦虑和压力，那样是很可怜的。

他们正在公园里散步，园丁们爬在树上，修整着枝条。荷西说："如果让我选择，我一定要做那树上的人，不做在那银行上班的人。"

第五章　郎似桐花，妾似桐花凤

三毛如梦初醒，她给编辑部回了一封信：对不起，不干了。

女孩们有一种微妙的心理，爱情具体是什么呢？她们恐怕很难说清楚，但直观的感受就是被照顾的感觉，而不是照顾对方。哪怕贤惠型、付出型的女朋友，她开始动心的刹那，必定是对方的呵护和照顾暖到她，继而有了回应的念头。

三毛和荷西大概就是这样，当她以姐姐自居的时候，她在这个男孩面前是有优越感的，那种被爱慕，更像是一种被动的精神引导。当荷西成为男子汉，能够亦步亦趋地跟上她，甚至给她指导，而不是在身后追随，她才会在心底产生信任感：他说的喜欢，是真正的喜欢。

他们像男人和女人一样地交往。

有一天，荷西约三毛去自己家，在房间里，他展示了一个秘密。

那墙上整面都贴满了三毛的照片，密密麻麻，有些已经泛黄了。微笑的她、短发的她、长裙飞舞的她……那是她在台湾时的生活剪影，如今隔着时间和重洋，它们再次鲜活地出现在眼前。

正是黄昏时候，淡淡的余霞洒进屋子，温情而暖，两个人一时都没有说话。

回过神的三毛有些好奇，她从来没有给荷西写过信，更没有寄过照片，他是从哪儿得到这些东西的呢？

荷西很是得意，照片都是他偷来的。原来，三毛时常会给一位留学西班牙的中国朋友写信，也会寄照片，那家人看过之后，就会把照片放在一个专门的纸盒里。荷西每次去他们家玩，就会偷偷把照片取出来，拿到照相馆去复印，放大成黑白照片，再偷偷把原片放回去。

荷西的家人都笑他，这不是发神经病吗？人都不在了，守着照片有什么用？可是，他固执地做着这件有点傻的事。

三毛百感交集，荷西唯恐她生气似的，歉疚地解释着为什么照片会发黄：他平常保护得很仔细，可是房间有窗户，阳光照进来是不可避免的，即使装上了百叶窗也没用，百叶窗有条纹，还是会晒到。

就在那一刻，三毛开口问道："你是不是还想结婚？"

他数年如一日的惦记，就像热毛巾，温柔地敷着心里大大小小的伤，她忽然生出结婚的勇气。

荷西愣了，似乎在消化那短短的话。他呆呆地望着她，望了很久。

她忍不住开始掉眼泪，想到六年之约，想到那些尚且无忧的日子，想到过去的六年。她对荷西敞开了心扉："你那时为什么不要我？如果那时候你坚持要我的话，我还是一个好好的人，今天回来，心已经碎了。”

是啊，跌过的痛忘不了，碎过的心补不了，记忆还在，伤疤还在。

荷西把三毛的手按在胸口，他还有一颗不经世事的心，纯粹而完整，他愿意用自己的心来换三毛那颗饱经风霜的心。

这就是爱情，以我心，换你心，才知道相思深沉，才知道同甘共苦。

那年的冬天，三毛决定去非洲的撒哈拉沙漠。

这不是什么突发奇想，她在小学地理课上，就暗暗萌生了这个念头。她打算过完年就走，在那儿待上一年半载。

可是荷西有了别的计划。他一直喜欢潜水和航海，好不容易读完书、服完兵役，他想叫上几个好友，去希腊爱琴海，连船都找好了。他极力游说三毛加入自己的航海，给她分配了摄影师和厨子的工作，他知道她对这些感兴趣。

三毛的确兴致勃勃，可惜他们俩的计划在时间上有冲突，她还是选择了撒哈拉沙漠。

荷西有些不开心，很快，他做了一个让所有人大跌眼镜的事：他放弃了航海，不声不响地申请了一份去撒哈拉的工作。

当三毛收到消息的时候，荷西已经人在非洲了。

三毛哭笑不得。即使同在撒哈拉，她是去认识沙漠的，到处走走逛逛，怎么会有时间经常和他碰面呢？但她心里还是感动的，所以在荷西写信过来求婚时，她答应了。

“我想得很清楚，要留住你在我身边，只有跟你结婚，要不然我的心永远不能减去这份痛楚的感觉。我们夏天结婚好吗？”

这封信被她看了快十遍，整天都塞在裤子口袋里。

4月中旬，三毛退掉了西班牙的房子，只身飞到了撒哈拉沙漠。

再次见到荷西，穿着卡其布土色如军装式的衬衫，很长的牛仔裤。他用力地拥抱三毛，双手已被磨砺得粗糙不堪，头发胡子上盖满了黄黄的尘土，脸上也被吹得焦红，但神色却是喜悦的。

三毛住在小镇上，荷西住在他公司的宿舍，两地相隔一百公里左右，但他每天都来探望她。

荷西急着结婚，他去法院打听公证结婚的流程，申请各种文件，努力挣钱，还自己动手做家具。三毛则轻松多了，她带着背包和相机，跑了许多游牧民族的帐篷，看了许多不同而多彩的奇异风俗，写下了笔记，整理了幻灯片，也交了许多撒哈拉威朋友，甚至开始学阿拉伯文。

第五章　郎似桐花，妾似桐花凤

她原本是想横穿撒哈拉沙漠，不过可行性太低，当地人简直拿她当疯子。她仍然心存侥幸，找了一位上年纪的老人请教，老人告诉她，要横穿沙漠，至少得准备两辆吉普车，还得找一位有经验的向导，另外也要储备汽油、食物、水……而这些都需要巨额的资金，三毛只得暂时放弃，乖乖地等待结婚。

他们正式结婚是在三个月以后。

法院的通知很仓促，也很急，当被告知明要天结婚，两人都没有准备，荷西甚至来不及请假，还得继续上班。三毛呢，慌慌张张地给家里发了封电报：明天结婚，三毛。

为了庆祝即将结束的单身生活，他们跑去唯一的沙漠电影院，看了一场电影。

再也没有比这更简陋的快乐了，好在荷西用心，尽管沙漠条件恶劣，他还是想尽千方百计，为三毛准备了一件新婚礼物。

拆礼物盒的时候，三毛满怀期待，以为是一捧鲜花。荷西既沮丧又无奈，沙漠里哪有鲜花呢？不过，等她看到那一副完整的骆驼骨架，她开心得尖叫了起来，直呼这太豪华了！

为了找到它，荷西在沙漠里走了很久。看到三毛把它放到书架上，当成宝贝似的供着，他得意不已。

结婚当天的情景，三毛记得清清楚楚，她后来一五一十地写在了书里。

她穿着一件淡蓝色细麻布的长衣服，不是新的，但朴实优雅；头发放下来了，戴了一顶草编的阔边帽子，没有花，就拿了一把厨房的香菜做装饰。荷西穿着深蓝的衬衫，修剪了胡子。

两个人都比较轻松，四十分钟的路程，慢悠悠地走了过去。

到了法院才知道，这是沙漠法院里的第一次公证结婚，法官和秘书都很紧张，个个穿着严肃的衬衣加西装，倒显得他们太随意。

“‘三毛，你愿意做荷西的妻子吗？’法官问我。我知道应该回答‘是’，不晓得怎么的却回答了‘好！’法官笑起来，又问荷西，他大声说‘是’。我们两人都回答了问题，法官却好似不知下一步该说什么好，于是我们三人都静静地站着。再后法官突然说：‘好了，你们结婚了，恭喜恭喜。’我一听这拘束的仪式结束了，人马上活泼起来，将帽子一把拉下来当扇子扇。许多人上来与我们握手……”

宣誓结束后，他们竟然忘了互相戴戒指，等回到家，吃着同事们送的大蛋糕，荷西帮三毛补戴上戒指，这场婚礼才算真的结束了。

第三节　白手成家

他们的家在小镇的坟场区，没有门牌号，对面是一片垃圾场，旁边是波浪似的沙谷，后面是高坡，堆满了硬石头和硬土。

站在家门口，荷西放下行李，要抱她进屋，他说："我们的第一个家，我抱你进去，从今以后你就是我的太太了。"

这不算情话，但真是动听，平淡深远，哪怕是在这样的环境里，也让三毛有了舒适幸福的感觉。

婚姻不就是这样？即使当下有苦有累，却能因为对方的坚定，让你也跟着充满希望，相信日子能过下去，相信两个人还有未来。

房子是真的很糟糕，两个房间，大的也就二十平左右，小的刚够放一张床。厨房更小，和四张报纸平铺起来差不多，水槽已经裂了，是脏兮兮的污黄色。

地方虽然小，每月却要一万的租金。

荷西还特意买了一只羊，养在房东家里，这样以后就能喝到鲜奶了。他有些忐忑，不知道三毛能不能接受这样一个简陋的家。

“很好，我喜欢，真的，我们慢慢来布置。”三毛一边安慰他，一边继续打量。

地是水泥的，高低不平；墙没有粉刷过，露出空心砖原来的深灰色，有些地方还挂着干水泥；灯泡很小，电线上停满了密密麻麻的苍蝇；墙上还有个缺口，风不断灌进来；打开水龙头，流出来几滴浓浓绿绿的液体，没有一滴水。

三毛意识到了，这才是真正的沙漠生活，而不是她想象中浪漫的冒险，她还须做一些心理建设。荷西似乎能看穿她的心思，他们很快爆发了一次小小争执。

因为要解决吃饭问题，他们需要购买一些基本的厨具，荷西事先没有准备，因为他体贴地考虑到了三毛的喜好，想把选择权让给她。可是沙漠里就那么两家杂货店，小冰箱也只有一个，煤气炉都是相同的，根本没什么可挑选的，三毛的情绪更加低落了。

付钱的时候，三毛拿出一个枕头套——那里面装着父亲陈嗣庆给她的生活费，数目不小，她全部带上了。

荷西吓了一跳，他收起枕套，拿自己的钱付了账。回去的路上，他绷着脸，跟三毛商量：“你旅行结束，我就辞工，一起走吧！”

他疑心三毛根本待不长久，她的家庭不缺钱，她只是来进行一次浪漫的探险，根本没有过苦日子的必要。他觉得她会退缩。

三毛恼极了，在心里暗暗地憋气：将来的生活会为我证明出来的，现在多讲都是白费口舌。

在荷西的建议下，那笔钱最后存进了银行，他承诺会用自己的工资来供养这个家。

最开始，日子是很艰苦的。

沙漠里最珍贵的就是水，刚开始的那几天，三毛向邻居借了半桶水做饭，结果米饭是咸的，她这才醒悟过来，这儿的井水是浓咸水。淡水需要自己买，一汽油桶装满是九十块，每次，她提着水箱的桶，走四五步就气喘吁吁，要歇一会儿，再走几步，继续喘着气休息，等走到家里时，整个人都虚脱得倒在席子上。

当地人都睡席子，没有用桌椅的习惯，更别提床。三毛和荷西都不习惯，于是花昂贵的价钱买了一个床垫，没有床架，因为他们买不起。

钱不够用，荷西只能拼了命地工作，他常常给别人代班，就为了能补贴家用，给三毛做一套桌椅。

三毛又爱又恨。她想要一些家具，这个家，没有抽屉，没有衣柜，衣服和鞋子都只能装在纸盒里，更为难的是，她想写点什么的时候，只能找一块板来放在膝盖上写。可是，荷西给人代班就意味着不能回家，小镇是经常没有电的，什么也干不了，她一个人点着蜡烛发呆。

有时候，荷西赶夜间车回工地，刚出家门，三毛就忍不住流眼泪，冲到天台上去，看着他的背影越来越远。等看不见了，她又急匆匆地跑出门，一路追赶他，恳求他留下来。

桌椅最终还是做成了，木材却不是买的，而是三毛讨来的。

有一天，她正垂头丧气地从木材店出来，结果看到有家店丢了一堆装货的长木箱，极大的木条，用铁皮包钉的，看起来似乎没人要。

她红着脸去问："你们外面的空木箱是不是可以送给我？"

对方爽快地答应了，后来她才知道，那些空木箱是用来运棺材的。不过，她并不介意，反而高兴得吹起了口哨，等荷西回到家，看到这些木头，也兴高采烈。

那天晚上，他们吃了四个白水煮蛋，就为了有力气处理那堆木头。

荷西什么都会，他画了很多家具的样式，让三毛挑选，然后把木箱锯成大大小小的木块，最后组装。三毛帮不了什么忙，她负责做饭，将生米和菜肉干脆混在一起煮，变成菜饭，简单而方便。她也会拿湿毛巾搭在荷西头上，在他赤裸的背上涂油，时不时倒一杯冰水给他，因为他在烈日下做活太累了。

有一次，吃完菜饭，荷西躺在地上休息，等三毛从厨房出来，他已经睡着了。她不忍心叫醒他，自己尝试着把那些锯好的木头分门别类。

荷西醒过来时，已经是黄昏，他很生气三毛不叫醒他，在他看来，这些重活就应该让丈夫来干。其实他这个做丈夫的更累，每天都要上班，要来回在工地和家里奔波，还要忙着做木工活。

他就像神话里俊美坚忍的神，和顽石做斗争。在他的操劳下，家里有了一个书架，有了一张桌子，卧室里还架好了长排的挂衣柜，厨房还有一个小茶几，塞在炊事台下放油糖瓶。

三毛很满足了。更让她开心的是，正式结婚后，公司给荷西加了一些工资，还提供了房租补贴和家具补助，并且有半个月的婚假。

蜜月旅游就在沙漠里，夫妻俩请了向导，租了吉普车，穿过了整个撒哈拉。

对于这次旅游，三毛最大的感受是：“我们双双坠入它的情网，再也离不开这片没有花朵的荒原了。”

回到甜蜜的家，只有一星期的假日了，他们开始疯狂地改造那间陋室。

墙还没有刷，荷西计算了一夜，然后去镇上买了石灰、水泥，再去借了梯子、工具，自己动起手来。他日日夜夜地工作，吃白面包、牛奶和多种维生素维持体力，但是长途艰苦的旅行回来，又接着不能休息，他瘦得眼睛又大又亮，脚步不稳。

这个家被里里外外粉刷成洁白的，在坟场区内是鹤立鸡群。

这还不够，三毛像个浪漫艺术家，用她天马行空的想象来装修。她用空心砖铺在房间的右排，上面用棺材外板放上，再买了两个厚海绵垫，盖上跟窗帘一样的彩色条纹布，后面用线密密缝起来，这就成了一个货真价实的沙发，衬着雪白的墙壁，明媚而艳丽；她捡了很多大大小小的绿色瓶子，抱回家洗干净，放在桌子、柜子上，插上怒放的野地荆棘，透露出痛苦而强烈的诗意；她从垃圾场里翻出一个旧的汽车轮胎，刷干净以后，填上一个红布坐垫，放在席子上充当鸟巢式沙发，朋友们都喜欢得不得了。

远方台湾的父母，也为三毛的新家忧心着，除了经济上的帮助，他们也时不时寄一些东西过来。

第五章　郎似桐花，妾似桐花凤

细竹帘卷铺上白色的桌布，棉纸糊的灯罩低低地挂着，“灵门舞集”的中国书法贴在墙上，一箱子现代版书都整整齐齐地码在书柜上。

家的味道越来越浓，在黄沙漫漫的荒漠里，竟然也有了几分精致和诗意。

到了7月份，荷西多领了一个月的薪水，结婚补助和房租津贴也都发下来了。他一路跑回家，进了门，把钱从每个口袋里掏出来，绿色的钞票铺了一地。

两人都坐在地上数钞票，笑容满面。

荷西第一次挣这么多钱，兴高采烈地计划着再去买一床毯子，买成套的床单被套，还要买新的锅、新帐篷。

三毛体贴地拿出八千块钱，要给他添置新衣服和鞋子，荷西的衬衫领子都破了，袜子也是有洞的。

荷西拒绝了，他仍然穿鞋底有洞的皮鞋上班，他要把钱留给家里。

经济稍稍宽裕之后，三毛就开始风花雪月起来，从一个艰苦的小妇人恢复到那个满脑子幻想的女作家。

她想要买一台录音机，因为没有音乐的地方，就像一幅山水画缺了溪水瀑布一样。这当然是一笔大开销，为了省出钱，她每天步行到“外籍兵团”的福利社去买菜，价格会比一般的杂货店便宜三分之一。

刚开始，她抹不开面子，在一群乱挤乱抢的妇女里面，她规规矩矩地排队了四个小时，才买了一篮子菜。后来她和兵团的人混熟了，他们大开方便之门，见了她，就直接越过那些粗鲁的妇女，给她优先装上菜。

录音机和录音带的钱都是这样一块一块省下来的。

有了音乐，三毛又觉得家里缺少生机，她想要养一些绿色植物。这在沙漠里可是精贵东西，上哪儿去找呢？想来想去，她和荷西决定去总督家里挖一点。

总督单独住一间白房子，有花园，还有泳池。

那天晚上，他们爬过矮墙，在总督家的花园里徒手挖了几株花。三毛像掉进米缸的老鼠，乐坏了，有了花，又瞧中了人家的爬藤，那可不好挖，索性连泥土一起拔出来，慌里慌张地塞到塑料袋里。

荷西不停地催促她，她还在拔："再要一棵，再一棵我就好了。"

这时，巡逻的卫兵过来了，三毛吓得魂飞魄散，连忙把塑料袋塞到荷西怀里，自己则紧紧地抱着荷西，佯装成一对出来约会的小情侣，好在卫兵没有深究，斥责几句，让他们从大门走了。

就这样，一年以后，三毛的家已经成了一个真正的艺术宫殿。

单身的同事们放假了，总也不厌地老远跑来坐上一整天；邻居也喜欢上门，就像打量什么新奇事物似的，东摸摸，西看看。有一回，有个外国记者来拜访，他惊讶地称赞这是全沙漠最美的房子，不停地嚷嚷着“天哪！天哪！”他还看中了三毛摆弄的石像工艺品，那是她花一千块钱，从一个沙漠老人手里买到的。面对这个识货的知音，三毛慷慨地赠送给他了。

三毛非常陶醉于亲手打造的王国，她坐在那个轮胎椅垫上，就像一个君王。

第六章　碧荷生幽泉，朝日艳且鲜

“荷花总名芙蕖，一名水芝。应月而生，遇闰则十三节，每节间一叶一花，花开至午后敛……叶圆如盖而色青，其花名甚多，寻常红白者，凡有水泽处皆植之。”

盛唐独爱牡丹，隐士独爱菊，君子独爱荷花。

未开的花苞叫菡萏，盛开的花朵叫芙蓉，都是文人笔下常常吟咏的对象。

它的美，在于出淤泥而不染。明明种子埋在最肮脏的泥泞里，不见天日，幽深可怖，却一寸寸地从黑暗里挣扎出来，开出芬芳的花，丝毫不沾尘土。

它的美，在于可远观而不可亵玩。别的花都生于陆地，长在枝梢，能随手攀折，能簪佩发间，能赠予美人，而她在水一方，除非涉水乘周舟，否则难亲芳泽。

它的美，在于不枝不蔓。很少再能见到这样的花，很少再能找到这样的人，一颗心，一股劲儿，没有纷杂的枝叶，没有多余的欲望。

第六章　碧荷生幽泉，朝日艳且鲜

第一节　沙漠中的饭店

作为一个家庭主妇，三毛的主要工作就是负责一日三餐。

她对做家务不怎么耐烦，对做菜倒是很有兴趣，几只洋葱，几片肉，一炒变出一个菜来，她觉得这是一种艺术。考虑到荷西的口味，他们经常吃的是西餐，食材不算丰盛，因为经费有限，煎牛排已经是很奢侈，番茄和马铃薯都卖到六七十块一公斤。

有一个星期天，荷西在公司加班，三毛心血来潮地算了一下家庭收入，发现荷西还是很能挣钱的。于是，等他下班后，她展示了自己做好的账单。

荷西也很高兴，两人决定出去吃晚饭，来一次偶尔的狂欢。

小镇上只有一家国家旅馆，是西班牙官方办的，餐厅布置得美轮美奂，像阿拉伯皇宫似的，还能享受音乐。那里收费比较高，他们不常去，三毛很高兴，还特意换了一身漂亮的衣服。

他们点了海鲜汤、牛排、大明虾、冰激凌蛋糕和红酒，菜装在美丽的大银盘子里，用碧绿的生菜衬着，漂亮可口。

那无疑是一个幸福的晚上，荷西甚至很慷慨地允诺她：如果喜欢，以后可以常常来嘛。

三毛继续算账，这次算的是家庭支出，很快她就傻眼了。原来他们挣得多，但花得更多，根本没存下什么钱。

于是，晚饭又只能乖乖在家里吃了。为了把昨天挥霍的钱省回来，她只准备了一个圆圆的马铃薯饼，一个白面包和一瓶水，等荷西回来，两人分着吃了。

当然，他们的日子也不是一直这么艰苦。三毛的父母担心女儿，寄来许多包裹，内容丰富，竟然还有很多的食材，比如粉丝、紫菜、冬菇、生力面等。三毛她一下子来了兴趣，折腾起“中国饭店”。

有一天，荷西下班回来，大叫着“快开饭啊，要饿死了”！三毛神秘兮兮地端出一碗粉丝煮鸡汤，他喝了一口，惊讶地问道：“这是什么东西？中国细面吗？”三毛用筷子挑起一根粉丝，告诉他这叫“雨”，是春天下的第一场雨，冻在高山上了，然后被山民一束束地砍下来卖。

荷西觉得既新奇又好吃，总是追在三毛身后，嚷嚷着要吃“雨”。

三毛随口糊弄他而已，自己转头就忘了。等第二次吃粉丝，她做了道“蚂蚁上树”，把粉丝炸一炸，再撒上搅碎的肉和汁。荷西咬了一大口，没有发现这就是“雨”，以为这是白色的毛线，三毛又故意捉弄他，这是钓鱼用的尼龙线，加工之后变得白白软软了。

荷西信以为真，还鼓动三毛去开一家饭店，做这道用尼龙线加工的菜，他认为会卖个好价钱。

第三次，三毛做了东北的合子饼，把菠菜、粉丝和肉搅得粉碎，拿来做饼馅。荷西很爱吃，咬了几大口后，疑惑地问她：“这个小饼里面你放了鲨鱼的翅膀对不对？我听说这种东西很贵，难怪你只放了一点点。”

荷西对这些稀奇古怪的中国菜赞不绝口，上班时还会向同事们炫耀，有时甚至偷偷带过去和他们分享。

有一次，三毛把猪肉干剪成小小的方块，放在瓶子里，然后藏在毯子里面。荷西不小心翻到了，好奇地抓了一把来尝，三毛看到了，心痛地大叫：“这不是你吃的，是药，是中药。”但是已经来不及了，荷西已经迷上这股淡淡的甜味，又尝了一些。三毛连忙抢过来，骗他这是喉片，专治咳嗽的，荷西当然不相信，第二天上班时，他偷了大半瓶去公司，分给同事吃。

当然，他也不是每次都这么买账。有一天，三毛心血来潮地做了饭卷，用紫菜包饭，里面裹着肉松。荷西这下生气了，他觉得自己被虐待了，他每天辛辛苦苦地工作，回家竟然要吃复写纸？三毛笑得前仰后翻，她也不解释，反而骗他这就是复写纸，荷西犹豫了很久，最后还是鼓起勇气吃了一个饭卷，这才知道自己被骗了。

“中国饭店”的食材毕竟有限，三毛只能省着用，又开始恢复西餐。有一天，她突发奇想，和荷西商量着要穿过沙漠，去海边捉鱼，晒成小鱼干，这样就能省下一些菜钱。

第二个周末，他们就带了帐篷，在没有沙滩的沿岸露营。海水潮退的时候，岩石上露出九孔，夹缝里有螃蟹，水塘里有章鱼和花斑鳗，还有成千上万的海带和淡菜。

三毛如获至宝，她拎着水桶铲紫菜和捡螃蟹，荷西就下到崖边去捉大鱼，那天他们满载而归。

回到家，三毛就热情地邀请荷西的同事们来做客，还买了一箱啤酒和半打葡萄酒，大家一起享受了一顿海鲜大餐。

以后的几个周末，同事们也跟着去捉鱼。三毛和荷西当然欢迎，两人干脆买了十斤牛肉，五棵大白菜，做了十几个蛋饼，又添了一个小冰箱，一个炭炉子，五个大水桶，六副手套，再买了一箱可乐，一箱牛奶。一群人浩浩荡荡地开了几辆车，沿着海岸线上下乱跑，夜间露营，吃烤肉，谈天说地，玩得不亦乐乎。

三毛和荷西都是热情的人，家里经常会有单身同事来吃饭，一来二去，大家都成了好朋友，他们上门时也会带上礼物。

其中有一个叫马诺林的小伙子，身材高大，留着焦黄的胡子，总穿着一身旧白衬衫和短裤。他很喜欢来三毛家里，也会和他们一起出门游玩，不知不觉间，他悄悄爱上了三毛。

有一个周末，荷西突然捧了一大把最名贵的天堂鸟回来，三毛满心喜悦，这些花生机勃勃，红艳艳的，仿佛要随时展翅飞翔。

这些花是马诺林送的，托荷西转交。以后每一个周末，三毛都能收到怒放的天堂鸟，而且都是荷西带回来的。他并没有意识到不妥，对这些花照顾得很用心，换水、加阿司匹林片、剪掉坏掉的梗。

花鲜艳地盛放，马诺林却再也没有来过家里，三毛渐渐察觉到其中的微妙。有天，荷西去上班了，三毛打电话给马诺林，两人单独见了一面。

爱情的滋生是潜移默化的，有时候却又是不合时宜的。马诺林有些羞愧，三毛当然能谅解，但她也让马诺林别再送花了，作为一个家庭的女主人，她受不起这份热烈的告白。

马诺林很快就辞职走了，留给三毛和荷西很多书。荷西抱怨这个同事走得太突然，他并不知道，他的妻子有多么迷人，哪怕在荒芜的撒哈拉，也始终特立独行，散发着独特的风情，引来了旁人爱慕的目光。

其实，不光是同事，连荷西的老板也曾经倾倒在三毛的厨艺和魅力下。

因为太多同事和朋友来家里吃饭，“中国饭店”的名声传了出去，有天，荷西下班回来，紧张地和三毛商量：老板夫妇想要来家里吃饭。

三毛还有点不乐意，她喜欢朋友们来家里做客，但并不表示她愿意用厨艺来讨好上司。荷西呢，不明白她这种所谓的“骨气”，反而担忧起家里没有竹笋，因为老板点名想吃竹笋片炒冬菇。

三毛只能哄他：竹笋会长出来的，别担心。

到了请客那天，三毛精心做了三道菜，布置了有蜡炬的桌子，铺了白色的桌布，又加了一块红的铺成斜角，十分美丽。

为了表示尊重，她还特意披着长发，穿着一件整洁的长裙子。

这顿饭让荷西的老板喜笑颜开，他极力赞赏三毛，甚至提出让三毛去公司工作。他尤其喜欢那道竹笋片炒冬菇，认为是一生中最好吃的竹笋片炒冬菇。

荷西也很喜欢，趁着三毛在刷碗，他忍不住追问笋片是哪儿来的。三毛哈哈大笑："哦，你是说小黄瓜炒冬菇吗？"

她当然没有笋片，偷偷拿了黄瓜片冒充。荷西又好气又好笑，认为她狡猾得像那只会七十二变的孙猴子。

坐在沙漠的家中，饭后无事，只有清风一阵阵的扣窗。三毛想起了往日的文学梦，她拿起笔，把这有趣的主妇生活写了下来。

她的笔名"三毛"就定于这个时候。她说，不喜欢文绉绉的笔名，也不喜欢太做作，所以干脆叫三毛，因为她和《三毛流浪记》里的主人公一样，是个不起眼的小人物。

多年后才恍然大悟，在那个安静的午后，在书房里，她看过的那套漫画书，其实是一种命运的指引。

1974年5月，三毛在沙漠写了第一篇作品——《中国饭店》，后来改名为"沙漠中的饭店"。她自觉作品的内容很普通，不过是给荷西煮饭的故事，但很快就被《联合日报》选中发表。

收到那期《联合日报》，看到自己的文章，三毛喜不自胜。她拿起报纸就走，那时他们还没有买车，她就一路往荷西的工地跑，希望让他快点儿看到。在半路上，荷西坐着班车回来了，看到她，他连忙下车，等看到三毛递过来的报纸，他同样高兴得跳了起来，尽管他看不懂中文。

这是三毛的成名作，她将一片陌生而新奇的大漠带到了台湾文坛，所有人的目光都看了过来。

第二节　哭泣的骆驼

初到撒哈拉时，三毛就有一个浪漫的念头：要把这片神秘的沙漠记录下来。

她有一架很不错的相机，于是，她常常带着三脚架和镜头到处拍摄，对象就是那些生动的撒哈拉威人。

小镇上住满了撒哈拉威人，撒哈拉是他们的根。

这群邻居个个都外表邋遢，有股不洁净的气味，看起来肮脏而落魄。事实上，他们都很有钱，不但有政府的补助金，还有正当职业，加上开店、租房，收入是很可观的。

三毛起初还抱了不切实际的幻想，和有钱人做邻居，说不定会享受很多便利，然而她大错特错。

第一次去邻居罕地家喝茶回来，荷西和三毛的鞋子上全部沾满了羊粪，因为他们是不拖地的，也不刷席子。三毛出于善意，开始教罕地的女儿拖地和晒席子，当然，水桶、肥皂粉、拖把和水都是她免费提供的。

从这以后，邻居看出了这对年轻夫妇的热心和善良，开始频繁登门，提出各种稀奇古怪的要求。

“我哥哥说，要借一只灯泡。”

“我妈妈说，要一只洋葱。”

“我爸爸要一瓶汽油。”

“我们要棉花。”

“给我吹风机。”

“你的熨斗借我姐姐。”

“我要一些钉子，还要一点点电线。”

荷西和三毛都烦不胜烦，都偏偏家里是有这些东西，总不能撒谎说没有，只能一次次地借出去，而他们从来不会还。

渐渐地，房东的孩子直接冲到三毛面前，摊开手：“给我五块钱。”

这时候，三毛就会毫不犹豫地拒绝，小孩再怎么死缠烂打，她也无动于衷：她每个月要付一万房租，已经够心疼的了。

但面对其他要求，三毛就没法像这样理直气壮。

有个做医护助手的邻居，因为接受过一些文明教育，所以不肯像家人那样用手吃饭。每天到了吃饭的时间，他家的小孩就会来找三毛："我爸爸要吃饭了，我来借刀叉。"

尽管他每天都会还，但每天都会借，三毛生气了，干脆买了一套新的刀叉送给他们。到了第二天，他仍然来敲门借刀叉，三毛板着脸拒绝了，结果小孩振振有词："我妈妈说那套刀叉是新的，要收起来。现在我爸爸要吃饭。"

这个孩子像小鸟似的缩成一团，似乎很怕她拒绝，无奈的三毛只得又把刀叉给他。

还有一次，小女孩拉布来敲门，拖了一具骆驼的尸体，血水满地。

她妈妈要求把这只骆驼放在三毛的冰箱。三毛长长地叹了一口气，她那个鞋盒一样大的冰箱，实在塞不进这只小山似的骆驼，她委婉地拒绝了。

这让拉布的妈妈生气了好几天。她愤怒地指责三毛："你拒绝我，伤害了我的骄傲。"三毛为此内疚了一阵子，以为自己伤害了他们，不敢再拒绝他们借东西的要求。可是有一天，三毛家的火柴用完了，她急着做饭，就去跟房东借。房东没有给，笑眯眯地说没有。她只得去另一家敲门，那个邻居犹豫着给了她三根，三毛有些生气了：这家的火柴还是她之前给的，一口气给了五盒。对方却更不高兴："现在用得只剩一盒了，怎么能多给你。”

三毛没办法，也学不来斤斤计较，只能学着他们的口吻来抱怨：“你伤害了我的骄傲。”

在沙漠里，每家每户的日常用水都是固定的，由市政府管辖，每天一大桶，喝的淡水是要额外付钱买的。

三毛家的水桶放在天台上，每天都要小心算计着水量，用来洗衣服、洗碗和洗地。有一次，三毛和荷西从扎营旅行赶回来，要去参加镇上旅行的“骆驼赛跑大会”。她急着洗漱和换衣服，刚抹上肥皂，水却没了。她连忙让荷西去检查天台的水桶，结果发现两大桶水不翼而飞，而邻居家的天台上晒满了新洗的面粉袋。

三毛只得用毛巾抹干了身体，急匆匆地出门了。那天比赛时，大家都挥汗如雨，只有她小心翼翼地坐在骆驼上，即使被人嘲笑胆小鬼。因为她担心身上出汗后，会冒出肥皂泡。

最让三毛头疼的倒不是这些贪小便宜的小动作，而是邻居的山羊。

沙漠的房子，在房顶中间总是空着一块不做顶，两家的天台则是连在一起。邻居把山羊养在天台，一不留神，它们就跨过界线，跑到三毛家来。

荷西和三毛自己买材料，足足花了三个星期，铺了一片黄色毛玻璃的屋顶，光线可以照进来，美丽清洁极了。三毛还特意把精心照顾的九棵盆景放在新的屋顶下，翠绿可人。

有天，三毛正在厨房做蛋糕，突然听到屋顶有动静。她跑出来一看，一只大山羊正踩在玻璃顶上，她立刻往天台跑，但已经来不及了，随着一声惊天动地的巨响，那只山羊已经掉落下来，玻璃顶、房梁都碎得不成样子。

三毛忙着把山羊赶出狭小的屋子，让邻居来认领回去。当然，他们是不会赔偿玻璃顶的。

这“飞羊落井”的奇观发生了五六次，他们不得不一次次修补屋顶。有一次，那只可恶的山羊掉下来之后，还胆大包天地吃光了那九棵盆景，三毛气得躲进浴室里大哭。

尽管他们和邻居沟通过很多次，但对方似乎并没有看管山羊的念头，荷西和三毛只能叹气。他们改用半透明的塑料板搭屋顶，这样耐用些，还在天台上修建了半人高的墙，为了防止山羊跑过来，也为了防止那些女孩子——她们常常趁三毛不注意，偷拿她洗晒的内衣裤。

在沙漠的生活也不是总这样鸡飞狗跳，三毛的邻居也有可爱的时候。

有一天，好几个女人来找三毛要“红色的药水”。她觉得很纳闷，没有答应，让她们谁要是弄破了皮肤，再来涂药水。

那些女人坚持要拿回家涂，三毛只得给了。没多久，她听到外面敲鼓的声音，跑出去一看，她们正在公用天台上唱歌跳舞呢，脸上和手上涂满了红药水，就像涂化妆品似的。

三毛闲暇的时候，在家开了一个免费女子学校，教那些邻居识字和认钱币，程度好一点的也教算术，共有七到十个女学生。

这些女学生最感兴趣的是妊娠知识。三毛有本叫《一个婴儿的诞生》的书，有图表，有画片，有彩色的照片，讲解妇女如何受孕到婴儿的出生，她们翻来覆去地看，可惜不懂西班牙文。三毛就花了整整两个星期讲解。

有个叫法蒂玛的学生，当时正怀孕八个月，她恳请三毛帮她接产，因为她的母亲已经过世，而镇上的产科医生是男的，从来没有产妇去医院生产。

三毛吓了一跳，她没有任何经验，当然不敢答应。

等到了生产那天，法蒂玛独自在家，她慌里慌张地找人来叫三毛。三毛比她还紧张，又找不到其他帮手，因为当地人认为看别人生产是不吉利的，没有人愿意帮忙。三毛只得回家准备剪刀、棉花和酒精，顺便抱了那本书出门，幸好荷西还算清醒，制止了她，开车把法蒂玛送到了镇上的医院，尽管对方死活不愿意让男医生接生。

在医院顺利生产后，法蒂玛又得意起来，四处宣扬，因为她是镇上第一个在医院生孩子的人。

就这样，三毛成了大家的护士、老师、裁缝、代写书信的秘书，而荷西也没有闲着，他随时会被叫去修理电器和当木匠、泥水工。

有个叫蜜娜的女孩子，长得非常的甜美，她不但喜欢三毛，更喜欢荷西。只有荷西在家，她就会打扮得漂漂亮亮地来串门，甚至找各种理由叫荷西去她家。

有时候，他们正在吃饭，蜜娜就站在窗户外，让荷西帮忙去修门。三毛不让荷西去，撒哈拉威人能娶四个老婆，她可不想再有几个人来分享荷西的薪水。

这段光怪陆离的沙漠生活，被三毛记录在作品集《撒哈拉的故事》里，她的笔就像她的镜头，记录了撒哈拉威人的生活：他们的爱情，他们的落后，他们的习俗，他们的善与恶。

三毛对他们的感情是复杂的，有客居的轻松，有大人不记小人过的优越，也有感同身受的怜悯。

三毛的邻居罕地是个警官，他的大女儿姑卡只有十岁，梳着粗粗的辫子，穿着非洲大花的连身长裙，光着脚，还不用戴面纱，也不将身体用布缠起来。

她性格活泼，常常围着三毛玩闹，跟着她学算术，给她捏肩膀，偶尔也会惹得她生气。

三毛有一双豹纹的高跟鞋，姑卡很喜欢，常常偷着穿出门。有一次，三毛要陪荷西去参加公司的酒会，她精心打扮了一番，结果却发现自己的高跟鞋不见了。她气急之下去找姑卡理论，姑卡反过来教育她：你生什么气？你的鞋在我家里，我的鞋也在你家呀，我怎么没生气？

就是这样一个调皮而机灵的小姑娘，却被父亲早早地安排着结婚，尽管她只有十岁。

婚礼定下来后，是父亲罕地告诉三毛，让她转告给姑卡的。

三毛试图说服罕地，姑卡还太小，但对方不以为然，因为撒哈拉威人都早婚，她在心里默默笑话他们迂腐。

到真正举行婚礼时，三毛就不只是笑话，而是忍不住痛恨了。

撒哈拉威人有闹婚的风俗，新郎上门来迎亲时，新娘要表示反抗，两人当着众人厮打，越激烈越好。姑卡一直在哭叫，她身体有些胖，被新郎粗鲁地往门外扯着，只能奋力地挣扎，不断地在新郎脸上抓出血痕，结果惹来对方更暴力的拉扯。

周围人的表现却是兴奋地叫好，三毛看得非常愤怒。迎亲结束后，新郎和新娘被关到一个小房间，所有人都坐在外面的大厅，听着里面洞房，新娘必须大声尖叫，而新郎则要把染了血的白布拿出来展示。

三毛一个人默默地离开了。她心痛姑卡，心痛许许多多的撒哈拉威女性，但她无能为力。

第三节　荒山之夜

如果说三毛是一个兴致勃勃的冒险家，那么，撒哈拉就是一座等待开发的宝藏。在这里，她褪去了童年时期的自闭和少女时期的青涩，找回了自信和乐观。

她开始与自己握手言和，尝试不同的生活。

有时候，她是热心的“赤脚大夫”。

三毛和荷西养了一只羊，寄养在邻居家的羊栏里。有一天，山羊产下两只小羊，但衣胞没有脱落干净，在体外挂了好几天。邻居劝她把羊杀了，烤来吃，因为这只羊迟早是要死的。

三毛不愿意，她琢磨了很久，按一个农夫的方法，找了瓶葡萄酒，给母羊灌下去。第二天，衣胞落了下来，母羊不必被宰了。

房东惊奇不已，特意来讨教方法，还不忘把三毛的英勇事迹宣扬出去。

经过这件事，三毛对自己的医术也很有信心，不只是医治小动物，还开始把目光瞄上了人。有天，荷西胃痛，她自告奋勇地要给他医治，拿出一包“喜龙U”药粉，让他用水冲泡着喝下去。荷西被三毛强制性地灌了一包，他又惊又疑，连忙去看说明书，可惜看不懂中文，知道了英文标注的“维生素U”。他哭丧着脸质问三毛：“难道维生素还有U种的吗？”三毛也不懂，但荷西的胃痛却是奇迹般好了。

有时候，她是饱受怀疑的理发师。

三毛的头发都是自己修剪，为此，她还有些扬扬得意，自认手艺还不错。有一天荷西突然心血来潮，要将一头乱发剪成平头，三毛立刻来劲了，跑进厨房，拿了剪鱼的大剪刀，用抹布在荷西的脖子上围了一圈。

荷西吓了一跳，三毛已经抓住他的头发。等他回过神，他连忙跳开了，坚决要去理发店，而三毛坚决认为，自己的手艺不比镇上的理发师差。

荷西抓了钥匙就逃出门去，三毛也追了出去。等到了理发店，她仍然不死心，比手画脚地给荷西设计发型，和理发师吵了起来，最后被荷西赶了出去。

有时候，她是焦头烂额的新手司机。

三毛一直想买一匹白马，后来荷西买了车，这就成了她的假象“白马”。她会开着车在沙漠里到处晃悠，热心地搭载一些行人，或者接荷西上下班。

因为车开得很顺利，从来没有人意识到，原来三毛是没有驾驶执照的。常在河边走，哪有不湿鞋？就在三毛去“汽车学校”报名时，意外遇到了两个相识的西班牙警察，对方惊疑地打量她，要知道她平时总是开车在镇上跑来跑去，谁能想到她还要报名学车呢？

三毛只能装聋作哑，顶着一副无可奈何的表情，佯装听不懂西班牙语。对方气坏了，无奈找不到证据，干脆躲在暗处守株待兔。等三毛办完报名手续，打开车门，坐上车，打算像往常一样自己开车回家时，猛然从后视镜里发现了那两个警察，她吓得赶紧跳下车，乖乖地一路走回家，车还是荷西下班后来开走的。

考驾驶执照，也是荷西一直念叨的，三毛实在很不高兴。事实上，在沙漠考驾驶执照很难，有人考了十四次都没有通过笔试，有人花了整整两年考路试，三毛是最烦各种大考小考的，因为父亲陈嗣庆写信来催促，她才拖拖拉拉地去报名了。

她每天十二点半练车，在小镇外的荒僻沙堆，闷在小车子里，像白老鼠似的一个圈一个圈地打着转。

正午的沙漠，气温高到五十摄氏度以上，汗水湿透了全身，沙子刮在脸上，教练和三毛两人都受不了。学了没几天，三毛干脆跟教练说不学了，愿意在课表上签字，让教授自己拿课酬。回到家，荷西哭笑不得，逼着她一定要去上夜课，争取考过笔试。

夜课主要是背交通规则，大家书声琅琅。三毛刚找到座位，老师就过来招呼，向她请教中国文化，三毛兴致来了，拉着他讲了一节课。

课上没学到什么，三毛只能回家自己背。等荷西去上班了，她不管洗衣做饭，还是打毛线，随身都会带着一本交通规则，口里念念有词，像小时候读书似的，把每一句每一字都背下来。那一阵，为了避免邻居的打扰，三毛总是把家门关得紧紧的，谁来也不开。

考试前几天，三毛还在为笔试忧愁。荷西拿着书来抽查，她东一句西一句，什么都忘光了，气得荷西嚷嚷“笨人！笨人”。三毛也很气，跑到厨房喝了一大口酒，壮着胆子，把足足一百页的交通规则扔给荷西，一个字一个字地全背出来了。

她的笔试当然顺利通过了。

有时候，她还是胆大心细的探险家。

因为水资源珍贵，撒哈拉威人很少洗澡。有一次，三毛经过一间没有窗户的破房子，房子外面挂着一块牌子，上面写着“泉”。沙漠里还有泉水吗？她好奇地溜进房间，所有人都尖叫着逃窜。有个中年男人跑过来，抓住了她，大声呵斥：“你做什么，为什么偷看人洗澡？”

三毛这才知道，原来沙漠里也是有浴室的。为了一探究竟，她特意花了四十块，跟大家一起排队洗澡，结果，看到那些几年才洗一次澡的女人，她又吓得落荒而逃。

还有一次，三毛想要找小乌龟和贝壳的化石，她和荷西开车到偏远的荒漠。半路，他们遇到一片湿地，车子发动不了，荷西下去推车时，不小心陷到泥沼里。

三毛惊呆了，几分钟之内，荷西越陷越深，好在他及时发现了一块石头，抱着它，他整个人才没有掉下去。

三毛四处疯狂地乱跑，希望在地上捡到一条绳子，几块木板，或者随便什么东西都好，但是四周除了沙和小石子之外，什么也没有。

这时候已经是傍晚，气温渐渐降下来，如果荷西不能及时脱身，他可能会被活活冻死。

三毛苦苦守在旁边，就在她要绝望的时候，有一辆吉普车经过，车上是三个撒哈拉威人。三毛连忙跑过去求救，没想到对方见她是个柔弱女子，不仅拒绝帮忙，还心生歹念，对她动手动脚。

荷西看到这一幕，几乎要发疯，放开了石头，奋力地挣扎起来。趁着撒哈拉威人分神的工夫，三毛狠狠地踹了对方，抓了沙子往他们眼睛里撒，然后没命地往车里跑。她发动车子，没头没脑地乱转一圈，没想到对方紧追不舍，她故意熄了车灯，悄悄溜下车，躲进大沙堆后面，眼看着他们追上来，围着车子翻找了半天，最后悻悻地走了。

不得不说，这堪称一次死里逃生的经历，哪怕三毛平时性格洒脱，这会儿也吓出了一身冷汗，脚上的鞋子也在逃跑时弄丢了。

夜色已经完全笼罩了沙漠，除了风声，什么都没有。

心有余悸的三毛还是选择开车回到事发地点，荷西还在那里，她不可能一个人逃生。

荷西已经是半昏迷状态，三毛赶不及回去搬救兵，危急关头，她想到拆下汽车轮胎。轮胎又大又平，它不会沉下去，荷西可以借助轮胎爬上来。

三毛一边不停地向荷西砸石块，防止他睡着；一边脱下自己的长裙，撕成长长的布条充当绳子，扔向荷西。

冷，像几百只小刀子一样刺在皮肤上，三毛只穿着内衣裤，全身都是泥水，而荷西已经冻僵了，她不停地给他灌酒，用力地帮他擦拭身体，他才慢慢地睁开眼睛。

回去医院的路上，惊魂甫定的三毛已经开始和荷西商量下一次寻找化石的行程了。

有时候，她是能干的摄像师。

不是所有的撒哈拉威人，都有能力住在小镇上，他们更多的是住在沙漠深处，生活贫苦。为了拍到真实的撒哈拉威人的生活，三毛常常和送水车一起出发，深入沙漠。坐这种没有车顶又没有挡风玻璃的车，在烈日下行驶，意味着要被晒上几千里路，不能不说是一种挑战和苦难。

更为难的是，那些撒哈拉威人并不亲近陌生人，三毛每每都会碰钉子。为了打开他们的心扉，她会准备一些漂亮的珠子、糖果、药片等，试图用小礼物建立友谊。

有一次，有个头痛的老太太吃了三毛给的两片阿司匹林，又拿了她送的一个钥匙扣，为了表示感激，对方主动邀请她到自己的帐篷，还叫来了自己的媳妇和女儿。这些女人，有着极重的体味，用黑布包裹着她们的身子。三毛请她们解下了脸上的布，露出美丽的脸庞，大大的眼睛，神色茫然而紧张。

三毛兴奋地给她们拍照。

这些居住在沙漠深处的撒哈拉威人都没有见过中国人，也没有见过相机，一下子就被迷惑了。这时，这家的男人闯进帐篷来，看到三毛的动作，大叫大跳，几乎踢翻了那个老太太，还动手打骂那些年轻的姑娘。

“你，你收了她们的灵魂，她们快死了。”他说着不流利的西班牙文。

三毛大吃一惊，立刻给他们解释，这并不是收魂魄，但他们并不相信，激动地把三毛团团围住，尤其是那几个被拍照的姑娘，已经吓得面无人色。

为了安抚他们，三毛只得耍了个小心机，在大众面前表演一次“放魂”：她当众打开相机，把软片像变魔术似的拉出来，再跳下车，迎着光给他们看个清楚，底片上一片白的，没有人影。

大家这才如释重负地放她离开。

第七章　欲知岁晚在何许，唯说山中有桂枝

“桂，一名木樨。叶对生，丰厚而硬，凌寒不凋。枝条繁密，木无直体。花甚香甜，小而四出，或有重台，亦不易得。”

闻着桂花的香，便知道秋意深了。

很难找到一个词来形容桂花，小小的花瓣，浅浅的黄色，深藏在绿叶里，不显目，也不耀眼。枝叶呢，没有什么柔媚的形态，笨拙无华。

有人说它朴实，这就好像夸赞一个女孩子善良，暗地里可惜她容貌不够。但桂花是有可爱之处的，一簇簇地挤着，小巧而清秀，是不同于国色天香的风情。要是凑巧赶上一阵风雨，满地金黄，落花无声，也是一份别致的诗意。

有人说它低调，但十里飘香，幽幽盈袖，别的花可比不了。不管是缝香囊、酿花酒，还是制甜点，桂花是首选的材料，香而绵长，香而不烈，香而清和。

有人说它普遍，太常见的东西似乎就不珍贵了，可桂花也是有故事的。夜夜碧海青天时，嫦娥暗悔偷药时，只有那一树丹桂，含香吐芳，陪伴佳人。

第一节　稻草人手记

1975年10月，三毛飞离撒哈拉，再也没有回去过。

此时的沙漠战火连天，危机四伏。撒哈拉威人和西班牙殖民者针锋相对，试图摆脱统治，重获独立，而毗邻的摩洛哥对广袤的西属撒哈拉早就虎视眈眈。

每天，三毛都能听到冷枪和地雷的爆炸声，镇上不断有人牺牲，形势越来越严峻。

三毛和荷西自然是被划到西班牙的阵营了，但他们本人对殖民主义并没有什么好感，尤其是三毛。在日积月累的相处中，她和很多撒哈拉威人都是朋友，甚至撒哈拉威游击队的领袖巴西里，也是他们的秘密朋友。

然而，他们的身份始终是一个隐患。西班牙人纷纷开始撤离，女人更不安全，当巴西里也惨死于战争时，三毛不得不动身离开这里。

荷西的公司还没撤离，她一个人怀着伤感和担忧登上了飞机。她的目的地不是西班牙，也不是台湾，而是大加那利群岛，与撒哈拉仅仅一洋之隔。

这里阳光普照，风景宜人，四季如春，没有什么明显的气候变化，当地居民并不多，倒是吸引了很多游客前来。

三毛没有心思出门走动，她深深地牵挂着撒哈拉的荷西，夜间睡不着，白天吃不下，严重的时候，每天抽三包烟。

这是他们结婚以来，时间最长的一次分别，如何不煎熬人心？况且炮火连天，随时都有生命危险，轻描淡写的再见，可能是再也不见。

十五天之后，荷西终于赶到岛上与她会合。

他们的新家在离城二十多里的海边社区，人烟稀少，住的都是来自北欧的退休老人。三毛却很喜欢这份僻静，喜欢这个被称作“小瑞典”的地方，有美丽的海滩，有傍山建造的纯白色房子，有蔚蓝色的海洋，有一艘艘轮船在海风中漂泊。

三毛选了一幢白色平房，还连着一个小花园，尽管价格昂贵，尽管荷西正失业，两人还是狠了狠心，贷款买下来了。

荷西开始疯狂地找工作。

公司并没有解散，员工的去留由自己决定，考虑到越来越激烈的战事，他决定在岛上重新找一份工作。这并不容易，一个月后，荷西只能再次风尘仆仆地回到撒哈拉，而此时摩洛哥的军队已经进驻沙漠，当地越来越动荡。

这大概是三毛最焦虑的一段记忆，堪称惊心动魄。

第七章　欲知岁晚在何许，唯说山中有桂枝

有时候，我们害怕的不是死亡，而是对死亡的恐惧。人对未知的明天，总是充满担忧和幻想，总是理所当然地认定那个最坏的结果，等着它到来。这个等待的过程忐忑而不安，怀疑而坚定，它每每显露一点征兆，越接近结果，越让我们如释重负地绝望：看吧，它真的来了；如果它稍稍远离一点，我们侥幸到喜极而泣，接着又是更深沉地消极：明天，不是今天就是明天了。

或许，这就叫度日如年吧。

三毛每天都心惊肉跳着。荷西每个周末都会坐飞机回来一趟，哪怕只是短短几天见不到面，她也始终绷紧神经。战乱之中，谁对自己的生命有信心呢？

每次荷西回家，对三毛而言就像一个重大节日。在回来的前两天，她就开始兴奋，而他一到家，她立刻泣不成声，他抱着她的腿，把脸埋进她的牛仔裤里不肯起来，他们都不想看到对方的眼泪。

这种提心吊胆的日子以一场车祸告终。

1976年的年初，三毛在岛上出了一场严重的车祸，伤了脊椎，身体状况越来越糟糕，由卵巢瘤引起的出血，屡屡发作。

刚涨了薪水的荷西，断然辞工回家，守在她的身边。

三毛出院后，宁愿饿死，也不同意他再回到撒哈拉工作，

两个人就此开始了贫困的失业生活。

都说贫贱夫妻百事哀，婚姻里除了爱情，还有柴米油盐，缺一不可。如果说，没了爱情，日子还可以仰仗面包来活，那么没有了面包，爱情也只能被活活饿死。

在荷西失业的第十天，荷西的妈妈和姐姐一家突然从西班牙来访。

三毛心里并不高兴。早在逃难之初，她给西班牙的婆家打电话报平安，却得知对方压根儿没有留意他们的生死，连撒哈拉的任何战争新闻都没有关心过。

对比台湾那边的嘘寒问暖，三毛心里自然生出芥蒂。更重要的是，如今她和荷西的状况并不理想，房贷还没有还完，手上只有两万左右的现金，对方却不打招呼，拖家带口地来旅游。

尽管如此，她还是手忙脚乱地开始准备：去公司借钱；把屋子里里外外打扫了；把卧室留出来，连床单枕套都重新清洗一遍；买了足足两大车的食物，香槟、蜗牛罐头、酒心巧克力等，那都是她和荷西平时舍不得吃的。

但这些并没有让婆婆和姐姐一家开心起来，他们忙着使唤三毛，忙着挑剔，忙着提各种要求：要几千块一条的新床单，预备着带回家；早餐要吃煎鱼，要吃麦片，要吃面包，而家里明明准备了咖啡、果酱和乳酪；要吃杏仁巧克力，因为在家里吃习惯了；要三毛清洗所有人的衣裤；要出门爬山游玩，一定要带上三毛，然后再让她赶回来准备午饭；要买礼物带回家，随随便便就是三只手表。

三毛也会跟荷西抱怨，但他似乎不能理解。

是啊，一个大男子怎么明白做媳妇儿的委屈呢？她低声下气地忙碌和委屈，并没有换来任何理解，相反，对方只会挑剔她的不足。

其实三毛最介意的是，婆婆和姐姐一家吃喝玩乐着，没有任何一个人关心过荷西和她的状况。明明知道他们刚逃难出来，明明知道荷西失业了，但没有人安慰他们，甚至连过问一句都没有。

捉襟见肘的日子，就像是一个沉重不堪的包袱，他们夫妇俩被压得喘不过气。旁人的无视和冷漠，三毛或许能够理解，谁愿意身上也背上这样的包袱呢？但这是亲人哪，他们唯恐荷西会赖上自己似的，问也不问，甚至还来消费他们夫妇俩。

他们住了整整一个月，三毛忙碌得失去自我，在和荷西沟通无效的情况下，她甚至疲惫地说“我甚至连你也不爱”。

直到在机场送别，婆婆依然没有开口问一句荷西的工作，更别提让他回西班牙，其实西班牙的房子花了荷西的钱。

三毛耿耿于怀。

荷西很快开始重新找工作，投给各个公司的简历却都石沉大海了。不可否认，他是一个优秀的潜水工程师，但似乎他的运气并不太好。

没有了收入，他们只能靠着公司给的遣散费过日子，不得不整天为生计发愁。

为了省钱，他们每天只吃一顿饭，白水煮蛋、一块面包或者是生力面。有时候，为了改善一下生活，荷西会去海边潜水，捉几条大鱼。

即便是这样，他们也没有改变热心的习惯。整日打的鱼吃不完，他们会给邻居卡里送过去，那是个儿女不管的孤老头子，只能靠三毛夫妇帮衬；他们也会送给米盖，这是荷西的老朋友了，从撒哈拉到这里，他是家里的熟客了，每个周末就睡在客厅里。

米盖结婚的房子都是三毛帮忙租的，距离不远，想着两家以后可以常常走动。原以为难熬的日子会有朋友陪伴，但米盖结婚后，家里的财政完全被太太把控，他连喝瓶汽水的零花钱都没有。

有一次，米盖请三毛夫妇吃饭，毕竟他过去也常常叨扰他们。但米盖的太太却不这样想。那天，她只准备了一锅细面似的清汤和一份炸马铃薯，肉片是事先数好的，一人一片。

不仅如此，为了一份稳定的薪水，米盖在太太的逼迫下，不得不继续在撒哈拉的公司上班，每个星期在战火中来回。

相比之下，三毛似乎通情达理得多，宁可饿死，也不愿意丈夫冒着生命危险上班。为此，荷西紧紧地拉住三毛的手，说："谢谢你，太太！"

那一刻，他们大概是有情饮水饱的，但生活还得继续，他的感激也无法让两个人衣食无忧。

三毛是从来没有经历这般贫苦的，即使她出生在战乱时候，陈嗣庆也尽自己所能，给了她安稳的生活，不愁衣食。她没有为物质烦心过，当然，留学时可能总觉得钱不够花，想办法挣外快，但这不过是自尊心作祟的为赋新词强说愁而已。

荷西的求职一直碰壁。

很多女人的安全感来自男人，但没有一个男人会在女人身上寻找安全感，他们雄心勃勃地瞄准事业。

三毛也知道照顾男人的自尊心，但同时也要考虑他的胃。她干脆给台湾当局写了一封信，收信人是蒋经国，她希望对方能给荷西提供一份工作，薪水不计。

蒋经国只能抱歉地拒绝，称台湾暂时还没有适合荷西的工作。

其实，这时候的三毛已经是台湾地区人人追捧的女作家，她时常能收到杂志社寄过来的稿费。但这个时候，荷西往往很难过，他不愿意将这笔钱用在房租和伙食上面，他固执地认为："要靠太太养活，不如自杀。"

三毛的身体每况愈下，那些西医对她的病简直束手无策，加上生活困顿，于是便一天天恶化了。

她自己曾经道："去年失业时的哀愁，突然又像一个大空洞似的把我们吸下去，拉下去，永远没有着地的时候，双手乱抓，也抓不住什么，只是慢慢地落着……"

真正让人崩溃的也许不是身体的难受，而是心理的焦灼和莽撞。

一个有病在身的妻子，一个失业赋闲的丈夫，他们要担忧一日三餐，要发愁没还完的房贷，锅碗瓢盆撞击在一起，可能是美妙的交响曲，也可能是鸡飞狗跳的噪声。

当生活的乐趣逐渐消失，他们是身不由己的稻草人。

第二节　离乡回乡

远方和诗是美好的，生活是一地鸡毛的。

三毛的眼前是一汪泥潭，她没有办法静心阅读和写作，没有办法舒适地睡上一觉，病痛如影随形，她甚至没有办法填饱肚子。

在这种情形下，三毛决定回台湾。

这是一个人的行程，荷西没有陪同。事实上，荷西应该是反对的，作为一个男人，在落魄和无助的时候，妻子没有选择陪在身边，而是离开，即使这离开只是短暂的，但这不能不说是一种情感上的打击。

他当然心疼三毛饿肚子和遭遇疾病折磨，但理智是一回事，感情是另一回事。

不能说三毛绝情，她又不是没有陪荷西吃过苦，如今她身体确实越来越糟糕，她不是想一个人回到台湾享受，她想带荷西一起回家。

荷西拒绝了。三毛回台湾已经深深伤害了他作为丈夫的情分，而一起回台湾的要求，这深深刺痛了他作为男人的自尊心。

他的骄傲让他不能答应，哪怕安逸的日子触手可及。

他一直有很严重的大男子主义，三毛也一直都懂，她明白自己说服不了他，但她不想耗在泥潭里，两人一起沦陷。或许在三毛看来，这只是面子问题，她对着自己的父母也会有自尊心和羞耻感，可她愿意低头，因为血脉的牵连，因为中国传统文化里就有刚柔并济。荷西是不同的，他的父母不会开口接济他，他也不会伸手找父母要钱。

分别在即，荷西的眼角没有干过。他期盼着三毛能留下来，同时又痛苦着，没法养家糊口的他，拿什么来留住三毛呢？

一张半价的渔民机票，把三毛从遥远的大洋彼岸，送回了父母身边。

久违的台湾拿出了它的热情和荣光相迎，当年她离开时，带着为情所伤的黯然，如今回来，聚焦了所有人的目光和掌声。

她已经是享誉文坛的作家，关于撒哈拉的故事，倾倒了千千万万的读者。

这和加那利群岛的生活完全不同，每天，一批接一批的记者闻讯而来，一场又一场的读者签售会等着，一次赶一次的饭局没有止境。刚开始，这些都是新奇而令人喜悦的，三毛骨子里很有几分临水照花的自恋，尤其是她经历了年少的自闭。世界曾经对她关上大门，阻隔了花花世界，没有目光停留或经过，她内心亦是渴望的。

很快，这种没完没了的应酬就让三毛感到厌烦了，她开始闭门谢客，一来休养身体，二来陪伴久未谋面的家人。

母亲缪进兰心疼女儿，费力找了许多医师，在精心照料下，三毛的“情绪性大出血”终于慢慢好转。

荷西的信一封接着一封来了。单身汉的生活不尽如人意，碗盘堆积着，被单没人洗，往日萦绕于耳的唠叨，突然静止了，让人怅然若失。

三毛却是乐不思蜀了。

这次回台湾，她住在父母家，同住的还有大弟弟一家，两个双胞胎的侄女已经大了，玉雪可爱。

三毛与荷西没有计划要孩子，两个人的家庭生活毕竟不够热闹，突然见了家中的小辈，她不禁涌出无限的柔软和爱意。她又叫上姐姐陈田心一家，一群人热热闹闹地去旅行。

有次，他们去花莲看海，是三毛提出来的。她在和小侄女们聊天的时候，惊奇地发现他们竟然没有看过海，也没有见过田野，每天只是机械地乘坐公交去上学、背书、看动画，她希望小侄子、侄女们能有个快乐的童年。

可惜，孩子们似乎并不买账。

当月亮爬上树梢，柔和的光铺满山林时，他们尖叫着怕鬼，忙不迭地躲进屋子；当美丽的花丛连绵如海，吸引无数蝴蝶和蜜蜂流连时，他们迟疑着不敢靠近，害怕会有蛇，只敢让三毛帮忙摘几朵花；当蔚蓝的海水一起一伏时，他们嚷嚷着害怕，连阳台都不愿意多待，缩在墙角里。

孩子们喜欢的是看电影、零食、彩色塑料胶、动画和游泳池。

三毛忍不住感叹：这真是一群塑料儿童啊。

这时候，她想起了荷西。他们经常会聊起各自的童年，那是一段愉悦的记忆，想起来仍旧让人会心一笑。

荷西小时候是个十足的野孩子。上小学的路上，会经过一片金黄的麦田，成群的麻雀躲藏在那里，听到脚步声，它们惊得扑腾着翅膀飞起来。荷西和哥哥就准备着弹弓，瞄准了，想要捉住几只。

路上还有许多好玩的，比如野兔，灰扑扑的，动作特别灵敏，很难逮住它；比如有一种常见的草，它的汁水能够治疗伤口发炎。

比起坐在教室里，被老师耳提面命地教育“你们是国家的花朵”，荷西更喜欢这种脱缰野马似的疯闹，总是和哥哥玩得很晚才回家，被父亲一顿臭骂。

荷西的信写得更勤了，失业在家的他无依无伴，满心惆怅和寂寞。父母开始劝说三毛，该回去了，哪有妻子扔下丈夫不管的呢？

第七章　欲知岁晚在何许，唯说山中有桂枝

三毛也动摇了，她毕竟还是关心荷西的。

临走之前，她去上门拜访了琼瑶，同是名噪一时的女作家，同是皇冠出版社旗下，她们惺惺相惜，神交已久。

琼瑶成名更早，三毛还休假在家时，报纸上已经如火如荼地连载《烟雨蒙蒙》等小说了。每天清晨六点半，三毛就坐在小院的台阶上，等着报纸送到，急急忙忙地吞完那几百字的更新，这一天才算开始了。

她出国后，弟弟读大学时，出了事故，是母亲缪进兰托琼瑶帮忙解决的，这份恩情她一直惦记着。等到她在沙漠里结婚，出了自己的书，琼瑶还特意寄去了一本签名版的《秋歌》，写了许多鼓励的话。

这次回来，她们终于见面了。

地点是在琼瑶的家里，三毛住在父母家里，客厅不大，人多口杂，总担心会怠慢朋友，于是她主动上门。那天，三毛穿了一件灰蓝色的裙子，很旧了，但那是她最好的一件衣服，也是结婚当天穿的嫁衣。沙漠的阳光烈，新衣洗晒几次就褪色了，坐在琼瑶满是大书架的房间里，她和那身衣服显得有些局促。

她不停地喝茶，一杯又一杯，忘了自己都说了些什么，只记得琼瑶关怀地问起她的生活起居，问她打算什么时候动身。

事后回想起这一幕，三毛评价自己“手足无措”。她们之间还有距离感，琼瑶仍然是那个早早成名的作家，而她内心依然是那个坐在台阶上看报纸的小读者，这一次，她们没能推心置腹。

带着遗憾和不舍，三毛回到了加那利群岛，回到了荷西身边。

也许是这次“回娘家”事件刺激了荷西，他迫切需要一份新工作。病急乱投医，他与一家规模很小的德国潜水公司签订合同，独自前往尼日利亚工作，尽管对方条件苛刻，薪水微薄。

这是1977年的1月，看起来似乎是个好的开始。

公司只有四个人，投机取巧的老板、贪婪的“老板娘”、老实忠厚的荷西和另一个被压榨的工程师。

荷西的日子过得很苦，每天要工作十八个小时，没有加班费，更没有休息日。住宿简陋，伙食粗糙，工资从来没有按时发过。

短短三个月，他瘦了二十多斤。有一次，他得了痢疾，只休息了两天，老板请来一个医生，逼着他每天吃几十颗药，第三天就让他下水工作。还有一次，他的手指被割伤，连骨头都露出来了，老板也只是简单地让他用纱布包一包，逼着他继续工作。

荷西总是忍着，他太需要这份工作了，他太想给三毛稳定的生活，就像以前在撒哈拉一样，不必为了衣食发愁。

熬到5月，他终于拿到了第一笔薪水，虽然不多，但他立刻买了机票，寄给三毛，让她赶来尼日利亚，尽管买完机票工资所剩无几，尽管再熬一个月他就有探亲假。

收到机票后，三毛第一时间收拾行李、办理签证、处理房子，从加那利群岛飞新内加，再转飞尼日利亚，最后到达拉各斯机场，一路风尘仆仆。

荷西特意提前下班了，早早地等在那里。

他穿着一件格子衬衫，一条白短裤，脚上是三毛之前托人带来的新凉鞋，手指还缠着纱布，眼睛茫茫地看着前方。

三毛是最后一个出来的乘客，荷西几乎以为她不会来了。见了面，第一句就是“怎么弄到现在才出来”？

重逢的场景似乎没有想象中愉快，在前往公司宿舍的路上，他们争执了起来。夫妻之间的矛盾若隐若现，就像一盒火柴，一点即燃，双方只得小心翼翼地避着，但这种躲避更致命，不知不觉地，在两个人心里埋下火星。

依旧是因为婆家的问题。

过去三个月，荷西在外工作，三毛独自留守家里，她坐骨神经痛的老毛病又犯了，痛到走路都要弯腰拄拐杖，每天往医院跑。荷西的妈妈和姐姐们明知道家里的情况，却没有任何人来看望或者打个电话慰问，连三毛写过去的信，她们也从来不回，更别提让她到婆家养病。

来尼日利亚之前，三毛去马德里办签证，因为时间紧凑，当天来回，她没有时间准备礼物，便没有回婆家拜访。结果，她意外遇见了荷西的姐夫，对于她“过家门而不入”的行为，对方很不高兴，也根本听不进她的解释。

荷西也有些不愉快，三毛觑着他的脸色，忍不住抱怨了几句婆家的冷漠和自私，这下更让荷西生气。

气氛冷了下来。开车接送他们的同事似乎也察觉到了，在一阵古怪的气氛里，车越开越快，越开越疯，时不时和迎面的车辆擦身而过，加上有行人乱穿公路，鸡飞狗跳的慌乱之后，车子掉进了一个大水坑。

这注定是个狼狈的夜晚。

第八章　朝朝暮暮春风里，落尽梨花未肯休

“梨，一名果宗，处处有之。其木坚实，高有二三丈。枝叶扶疏，似杏而微厚大。二月开花，六出，似李花稍大，有红白二色，香不香之别。”

梨花其实不那么好看。

它的颜色似白非白，透着一点微微的黄或青，没有雪的晶莹；它的姿态也略显单薄，不如桃花丰润，又不如李花小巧，除非成片成群，单看总有些不成气候。

梨花带雨却是极美的。

暮春时候，雨一阵赶着一阵，梨花那颜色浸了水，半透明似的，有种苍白的风情，就像美人弱不胜衣。要是起了风，那姿态也生动起来，花枝颤颤巍巍，偶尔飞落几片，雨水也跟着摇摇欲坠，可不就是一副泫然欲泣的模样?

难怪古人用带雨梨花来形容贵妃，可见，梨花是伤心的花。

第一节　五月花

有好事者曾经质疑，三毛与荷西的感情并没有她笔下那么美满，而是很糟糕，在荷西去世前，夫妻俩已经形同陌路，分居两地。

生活当然不同于小说，争吵时不会有转场镜头来一笔带过，贫苦时不会有有着金手指的贵人从天而降，猜忌时不会有上帝视角来揭露对方的心理活动。每个人的生活都是摸着石头过河，都是和鸡毛蒜皮来一场负隅顽抗，都是金玉里藏着败絮。

三毛与荷西，当然不是一对餐风饮露的神仙眷侣，他们要吃喝拉撒，他们有七情六欲，只是世上最普通的一对夫妇而已，会吵架，会冷战，会厌倦，但不可否认，也有浪漫，有支持和理解，有细水长流的爱。

那些文字所展示出来的，是令人向往的婚姻的积极面，可能也包含了三毛作为一个女人的小虚荣和浪漫，虚构不可避免。她写的本就是小说，又不是自传，难道真要字字油光，笔笔血痂吗？倘若拿书里的模范恩爱，来苛责现实的她和荷西，或许是任何一对夫妇，这都是存心为难。

离开沙漠后的那两年，因为经济和工作原因，三毛和荷西确实经常分开两地，但只要荷西稍稍稳定下来，他立刻就会让三毛赶来团聚。

尽管这种团聚也伴随着争执。

从加那利群岛到尼日利亚，三毛整个5月都陪在荷西身边，不过，这并不是什么愉快的记忆。

到达公司宿舍的当天晚上，三毛彻夜难眠，路上的争执已经消弭在久别重逢的喜悦里，新的问题却很快来了。

已经是深夜十二点，荷西和他的同事都还饿着肚子，而这种情况并不少见，巨大的工作量让吃饭和睡觉显得尤其宝贵。三毛心疼荷西，主动下厨做了饭，吃饭时，听着另一个同事的抱怨，她才知道两人的伙食费也被克扣，平常只能吃牛油面包撒白糖，工资更是很久没有发了。

三毛一刻也不想多待，她不希望荷西再继续受压榨。他明明是一名优秀的潜水工程师，他有一级潜水执照，整个西班牙只有二十八个人拿到了，现在，他却要被使唤着去打捞沉船、去挖水泥，连伙食都没有保障。

但是荷西不这样想，他太老实，也太看重这份工作。失业的苦头，他尝够了，他希望能够用这份工作来证明自己，来养活三毛，哪怕他真的很累很苦，他宁愿更累更苦，也不想让三毛来养家。

荷西是用了心的，即使每天忙得没有睡觉，在三毛来之前，他还是用心地布置了这间简陋的员工宿舍。房间外面是一块水泥地，他动手搭了一个木架子，挂着几盆大大小小的盆景；房间里放下床、椅子和壁柜后，没什么空间了，他费心做了几个灯，用竹筒做的，有的挂着，有的吊着，有的站着，是三毛一向喜欢的风格。

三毛高兴不起来。

睡在柔软的被子上，她的腰隐隐作痛，房间的冷气机又太老旧，轰轰作响，吵得人睡不着。三毛忍了又忍，还是委委屈屈地向荷西抱怨起来，但荷西是明早五点半就要起的，这会儿并没有耐心和精力，他只是气呼呼地关掉冷气。没多久，房间热得跟蒸笼似的，她只得又爬起来开冷气。

没多久，“老板娘”耀武扬威地露面了，找借口辞退了厨师，打着让三毛当免费工的主意，使唤她做饭。老板也露出了自私的一面，扣了荷西的潜水执照，给他分配超额的工作，自己却成天吃喝玩乐，私生活不检点。

有天晚上，老板和所谓的“老板娘”胡闹，弄出很大的动静，三毛忍无可忍，闷在被子里哭了。她请求荷西，“拿到薪水就走吧，这里不是我们的地方”。

讨薪不是容易的事，荷西面薄心软，人又老实，以为只要自己勤恳干活，老板不会为难他的。殊不知，对方只会变本加厉，把他当成免费劳动力。

三毛劝不了荷西，便自己去找老板理论，前后闹了几次，干脆豁出了脸皮，和老板对骂。她只求拿了薪水，快点走人，对方也惧怕她难缠，好说歹说答应在月底给五千美金，虽然和荷西的实际工资相差很多，她也同意了。

荷西临时被安排着去挖一艘沉船上的水泥，工作量大，也危险，另一个同事又偷懒装病，他每天早出晚归。他仍然不想走，不想轻易丢掉工作，当三毛提出自己先离开时，他又舍不得，呜咽着流眼泪，请求她的理解，“我这么忍，也是为了两个人的家在拼命啊”。

三毛左右为难，每天还要提心吊胆地等他回来，他们有个朋友才刚刚因为潜水事故去世，她担心荷西也会出意外。

这种日子仿佛折磨，没多久，她子宫出血的老毛病又犯了，只能晕乎乎地躺在床上。

5月没有花，只有漫无止境的烦恼，像最深沉的夜色，一层层地笼罩在两人头上。

好不容易熬到月底，荷西是有二十天假期的，老板却又耍了他们一道，约定的五千美金只给了一半。三毛实在没有精力计较，率先返回了加那利群岛的家，等着荷西一个星期后回来。

这一年，他们过得同样艰辛，比起事业时期，或许经济上有所好转了，但两人的心理是更苦闷的。荷西苦于自己不能给三毛安稳的生活，为难了自己，也为难了三毛；而三毛的苦是双重的，身体和心理都不堪重负，苦于疾病，苦于荷西的固执。

这些不如意，三毛写得并不多，生活本就面目狰狞了，何必要在作品里重温一次呢？不过是自揭伤疤，当事人痛不堪言，旁观者也不见得感同身受。

或许，这也是有人质疑三毛的原因之一，但如果真的把一对急赤白脸的夫妻搬到书里，会有人热衷吗？这样的夫妻遍地都是。撒哈拉之所以迷人，正是因为三毛塑造了一个神秘而遥不可及的远方，因为适当的留白，因为隐去了黄沙漫漫的枯燥和贫苦。

关于这次尼日利亚之行，在《温柔的夜》和《稻草人手记》里，零零散散的，也有几篇接地气的故事。其实，隐隐看得出来，三毛和荷西的婚姻确实出现了问题，当然不是所谓的“家暴”或“出轨”，而是缺乏沟通。

荷西似乎没有意识到，此时的三毛已经不再是他的“撒哈拉沙漠之心”。有人说那场车祸的后遗症让三毛性情大变，或许没有那么严重，但变化是毋庸置疑的。她不是不能吃苦，沙漠的生活条件同样恶劣，在离开了那个特定的环境后，遭遇了失业的困窘和疾病的摧残，她肯定会有变化。

还有最重要的一点，她从默默无闻，一跃成为著名女作家，受人追捧，这对患了七年自闭症的三毛来说，是有着重大意义的，是极具冲击力的，她也会被推着向前走。况且她名利双收，有什么理由要让自己吃不必要的苦头？和以色侍人的“老板娘”周旋，和狡诈阴险的老板对骂，和私吞物资的同事相处……这都是可以避免的，只是为了满足丈夫的自尊心。

所以荷西精心准备的盆景和竹子灯并没有取悦到三毛，所以三毛对荷西灰心了，会放狠话，会骂他，会劝慰自己“离开荷西吧”。

而三毛似乎并没有意识到自己的问题，荷西确实大男子主义，但这是她早就知道的，从结婚开始，荷西就是那副会为了家庭拼命的样子。她曾经赞赏过，甚至扬扬自得，但现在却开始头疼，开始嫌弃他为了一份工作而任人践踏。

在三毛眼里，荷西不愿意辞职是死要面子，不用她的钱是死要面子，她忘了，荷西一直是这样的，荷西也曾经为了她而试着妥协，放弃工作，结果让两人生活困顿，他只是不想再错一次。

这算感情破裂吗？不算吧，世间哪对夫妻没有遭遇过柴米油盐的考验呢？或是扪心自问的纠结，或是言不由衷的隐忍，或是杯弓蛇影的猜忌，或是玉石俱焚的伤害……熬不过去，是相忘于江湖的无奈，熬过去了，是白首不相离的佳话。

三毛和荷西是可以熬过去的。

这年底，荷西的运气渐渐好了起来。他找到了一份工作，地点在丹娜丽芙岛，内容是负责营造“海边景观工程”，凭空里做出一片人造海滩，作为旅游景点。

他很喜欢，也很有成就感。

尽管离家不算远，坐轮渡只要四个小时，但三毛与荷西还是忍受不了分离之苦，在丹娜丽芙也租了房子，只为了能彼此陪伴。

刚开始只找到一间小小的公寓，实在小，厨房和浴室是一个大壁橱，用的时候拉开，用完再合上，屋里放了床，几乎也没什么活动空间。

这远远比不上加那利群岛的家，但三毛甘之如饴，哪怕屋里干不了别的消遣，只能上阳台看看海，能守着荷西就是幸福的。

三四个月后，他们终于搬进了一所宽敞的房子，日子也回到了以前的甜蜜，不，甚至更甜蜜。

有一天，三毛照旧去闲逛，商店的女店员招呼她看一件新奇东西——有个划船的小木娃娃，绑着辫子，是中国人的模样。岛上很少见中国人，女店员认识三毛，觉得小木娃娃和她简直一模一样，她那阵子刚好也绑着辫子，巧的是这个小木娃娃还是台湾制造的。

三毛很感兴趣，回去后当笑话讲给荷西听了，几天后，当三毛给荷西做蛋糕时，发现烤箱里就放了那只划船的小木娃娃，船身上还被荷西刻了字："1998，Echo号。"她又惊又喜，笑着烤了一个鱼形图案的大蛋糕，等荷西下班回来，她也没有当面说什么，装作若无其事地去散步，倒是荷西，忍不住同她玩笑起来："了不得，这艘小船，钓上来好大一条甜鱼，里面还存着新鲜奶油呢！"

夫妻一体，吃过亏，熬过痛，流过泪，才知道相互善待，待我熬过一日苦，喂你一口甜。

第二节　梦里梦外

这是场梦，春风入怀，繁花一树。

也许是丹娜丽芙岛的风景宜人，也许是经济稳定，也许是夫妻俩蜜里调油，三毛又有了从前的诗情画意。荷西去上班，她有大把的时光写作、交友、学做蛋糕或是绘画。

那似乎是少年时的记忆了，先学国画，后来又学油画，都只是蜻蜓点水，误打误撞地，倒成了作家。

有个女友一直还惦记着，给三毛寄了一大盒不透明水彩，还有几支画笔。三毛已经很久没有碰画笔了，家庭主妇当久了，想到的是翻出柜子里的衣服。那些衣服是用白线缝补过的，终究不大好看，三毛就调出各种和衣服相同的颜色，把那些刺眼的白线都细细地染了一遍。

她得意地向女友展示自己的成果，对方哭笑不得："送你颜料是希望你再画画，不是给你染白线用的；缝衣服，街上卖线的地方很多——"

三毛仍然不动笔，关于画画的记忆像上辈子的事，重新捡起，需要勇气。

有一天，三毛去港口看船，无意间发现一间小店在卖彩石。一枚枚普通的鹅卵石，画成五颜六色，就像穿上漂亮的衣服，化身为小精灵了。她实在喜欢，忍不住买了一颗，回到家里，又惦记那些剩下的，第二天又去买了一颗，第三天再次魂牵梦萦地跑去买了一颗。

三颗石头花掉了一个星期的菜钱。

邻居黛娥和三毛很熟稔了，极力建议她：你为什么不自己画呢？

三毛一下子就动心了，天天往海边跑，捡一些大小适宜的石头，有时候还差点被浪潮卷走。连荷西都忍不住取笑她："三毛，这可不是艺术。"

三毛一头扎进彩石里，终于，在一个晚上，她画出了自己最得意的作品：一树的红果子，七只白鸟绕树飞翔，两个裸体的人坐在树枝浓荫深处，新月升起，淡淡的光雨点儿似的洒在树梢……

荷西回家，见到这画面，被它形容不出来的极致神秘的美所感动。他用粗麻绳圈了一个小托盘，将这块石头靠书架托站了起来。

"三毛，伊甸园在这里。"

两个人静静地欣赏着他们的杰作，不敢大声，怕画里那幸福的小人儿被惊醒过来。

沉迷于画画也给三毛的身体带来了一些负荷。原本就不健康的人，现在更不时流冷汗、咳嗽和发烧。荷西和黛娥常常拉着她出门散步。

岛上的游人比较多，许多年轻人会沿着港口的人行道摆摊，卖一些自己手工做出来的艺术品，这是三毛和荷西的最爱，两人经常去港口闲逛。

有一次逛夜市时，三毛结识了日本青年莫里。他摆摊卖手工饰品，挣取微薄的钱，然后一个国家一个国家地旅行。

三毛用日语和他交谈，他又惊又喜，得知她是中国人，他只是收了一半的钱。三毛当然不肯，把钱塞了回去，但她心里深深地被这份情谊打动了，热情地邀请他来家里吃饭。渐渐地，两人成了好朋友，每次做了肉类食物，还会特意拿锡纸包着，送去给他。

当然，静好的岁月里也有不愉快。

朝与暮，饭与蔬，夫妻就是一双筷子并一床被子，每天的朝夕相对，总会磕磕碰碰。

有一回，荷西和三毛约定晚上念英文。关了电视，两人围坐在桌子前，一个教，一个听，才半个小时，荷西就看了两次手表，一个音节学了二十多次仍旧是错的。三毛气不过，原子笔“啪”地砸过去，荷西立刻火了，摔了本子，怒气冲冲地嚷了句：“你这个傻瓜女人！”

三毛被骂得蒙了，等回过神，她冲进浴室，拿了剪刀，把一头乌黑的辫子铰得乱七八糟。见她这样，荷西更生气了，独自摔门而去。

三毛哭喊着跑到阳台上，只看到那辆渐渐远去的车。

那天晚上，荷西没有回来，三毛就像热锅上的蚂蚁，懊恼自己发脾气，生气荷西的出走，又担心荷西气头上飙车，会发生意外。

第二天清晨，荷西回来了，三毛顶着乱糟糟的头发和一双红眼睛。他叹了口气，拿起剪刀给她修剪头发，又拿冰给她敷脸，一边忍不住教育："只不过气头上骂了你一句，居然铰头发，要是有一日我死了呢——"

三毛反身抱住他，大哭起来。

这是他们最后一次吵架。

1978年除夕，他们是在丹娜丽芙过的，不知不觉，这个小岛承载过去一年的悲欢喜怒。

他们相信，日子会越来越好的。

港口的大道上挤满了游客，他们都来争相观赏人造海滩，那是荷西的杰作，他们夫妻俩自然也在人群里。

缤纷的烟火在夜空中燃烧，三毛和荷西坐在大堤上，这时，十二点的钟声响了。荷西将三毛抱在手臂里，说："快许十二个愿望。"

三毛立刻在心里重复了十二句同样的话：但愿人长久，但愿人长久，但愿人长久，但愿人长久……

他们紧紧地拥抱在一起，烟火起落，五色的光影转瞬即逝。幸福也像这天空的烟火，虽美好，却虚幻，明明白白地看着，但无法实实在在地握着。

三毛莫名地涌起一股伤感和恐慌，她觉得“但愿人长久”不是什么吉利的愿望。她赖在荷西的大夹克里，大声叫道：“但愿永远这样下去，不要有明天了！”

明天依然会悄无声息地来了。

三毛和荷西急着回加那利群岛的家，他们收拾好行李，清晨六点就到了码头。

家里已经荒废了一年，野草齐膝，灰尘满室，看着说不出的凄凉。两人连新年也顾不上，连忙动手清扫。

住了不到两个月，荷西接到新的工作任命，他要去拉芭玛岛报到。

家里少了男主人，一下子就冷清下来。三毛无心做任何事，淡淡的思念，深深的担忧，挥之不去的恐惧，这些情绪搅在一起，让人无法静心。

一个星期后，荷西的电报就来了：“租不到房子，你先来，我们住在旅馆。”

他同样惦记着她。

刚刚整理干净的家，立刻又被锁上了，三毛拎着行李箱，迫不及待地飞向拉芭玛岛。邻居都劝她，不必这样浪费钱，荷西住在公司，每个星期能回家一天半。

但谁也劝不动这对想要相依相守的夫妇。

拉芭玛只有两万人居住，没什么外人，他们租不到房子，只好搬进了一房一厅连一小厨房的公寓旅馆，收入的一大半付给了这份固执相守。

3月份的小岛正是好风景，杏花一树白一树粉，艳如霞光，散落在山谷。良辰美景，繁花绿树，三毛的心情却一点儿也不轻松，这个岛在她眼里说不出的压抑，抑郁得让人想落泪。

这种没由来的直觉，或许只有女人才懂。

荷西没有当一回事，摸了摸三毛的头发，又安慰似的亲了她一下。

生活似乎越来越好。

荷西升任了小组长，能够拿更多薪水了，和新同事相处也很愉快，常常会有几个单身同事来家里吃饭。

他们不会刻意交朋友，但几个月住下来，朋友自然而然地变多了。周末或节假日，大家一起爬山下海，林间采野果；有时还去露营，在海边无人的地方，摸黑捉螃蟹，听着浪潮声，缩在睡袋里讲鬼故事；赶上收获的时节，他们会去田里，帮山民采马铃薯，热汗满头，就跳进蓄水池里游个泳，三毛会趴在荷西的肩上浮沉，大喊大叫，玩得不亦乐乎。

不出门的时候，三毛和荷西就守在家里，在黄昏的阳台，摆上几碟小菜，半杯红酒，再加一盘象棋，时间便悠悠地过了，一颗又一颗的星星从海上升起。

三毛却总是惶惑着，幸福的背后拖着长长的阴影，仿佛尾巴，断不了，让人心惊。

月满则缺，水满则溢，情到深处情转淡，再繁华热闹的筵席最后也是人走茶凉。

她身体总不好，会无缘无故地心绞痛，去了医院好几次，查不出是什么毛病，只能一次次地忍受着。

有天晚上，他们去看电影，老旧的电影院里放着恐怖片，零星地坐着五个人，掉漆的椅子散发着凉意。三毛吓得不轻，牵着荷西的手，在一片水雾中穿着飞奔回家，跑着跑着，还没到家，她的心绞痛突然复发了，冲了几步，抱住电线杆不敢动。

荷西连忙追问，她痛得连话都说不出来，是被荷西一路背回去的。

这似乎是个警告，三毛忧心忡忡，很多个夜晚，她冷汗透湿地从梦里逃出来，手被荷西握着，自己已是泪流满面。

她觉得自己大概收到了生死的预告，夫妻之间很快要到分别的时刻了。白日里，她照常嘻嘻哈哈地做家务，背地里却偷偷写下了遗书。

这凄凄惨惨的心情也影响了荷西，他不爱待在工地了，总是往家里跑。即使是岸上的机器坏了一个螺丝钉，只修两小时，荷西也不肯在工地等，不怕麻烦地脱掉潜水衣就往家里跑，要是三毛不在，他便大街小巷地去找，一家一家店铺问过去："看见Echo没有？看见Echo没有？"

几乎所有亲朋好友都知道他们感情深厚。每天早晨，三毛买了蔬菜和水果，骑了车就直奔码头，只要看到她，工人们便会心一笑，指着海上的某个方向："今天在那边，再往下骑——"

结婚纪念日的那天，荷西没有按时回家，晚饭的桌子上就放了一个红绒盒子，打开了，里面是一只罗马字的老式女用手表。

三毛微微笑了，心里却痛惜他为了攒钱买表，背地里偷偷加班。

"以后的一分一秒你都不能忘掉我，让它来替你数。"荷西替她戴上手表。多么动人的情话，三毛却听得心惊肉跳，每个字里都仿佛透着不祥。

等荷西睡着了，三毛依然久久不能成眠，听着屋子外的海潮声，她突然想起那个在马德里告白的少年，那个总是站在大树下的少年，那个足足等了她六年的少年。

她摇醒荷西，黑暗中呜呜咽咽地说："荷西，我爱你！"

荷西惊醒了，像个孩子似的，紧紧地抱住她。深夜里，两人手握着手，一起相拥着泪流满面。

太幸福的时候，就像踩在云端，让人生出惧怕。

或许，到了梦醒时分。

第三节　不死鸟

三毛常常觉得荷西不是一个罗曼蒂克的人。

有一次，她突发奇想地问荷西："如果有来世，你是不是还是娶我？"这不是什么有营养价值的问题，但很多人会问，答案更是千奇百怪。或许，答案一点儿也不重要，重要的是你怎么搜肠刮肚地取悦对方。

三毛是个浪漫的小女人，自然也是一个俗人，她希望他能深情款款地说一句："希望生生世世做夫妻。"

荷西可是一点儿也不买账，背着她干脆地说："绝不！"

三毛又惊又气，顺手用力地打了他一拳，面子上有些挂不上了：她哪里不好呢？

荷西被闹得没办法，和她理论起来："其实你跟我想的完完全全一样，就是不肯讲出来，对不对？"

三毛哈哈大笑，这才放过了他。

知妻莫若夫，三毛和荷西是同样的心思，倘若下辈子还是过同样的生活，还是爱同一个人，那和今生有什么分别呢？所谓夫妻一场，其实缘分有限，只是今生短短几十年而已。

来世不再结发，所以今生更要珍惜。

他们一起讨论过死的问题。那次，《爱书人》杂志向三毛约稿，题目是"假如你只有三个月可活，你要怎么办"。荷西看到了，一个劲儿地追问她写不写。

三毛正在厨房揉面，打算给他做饺子，糊满面粉的手摸了摸他的头，安慰道："傻子啊！我不肯写，因为我还要替你做饺子。"

荷西突然从背后抱住她，不肯放开，眼睛里充满了泪水，说："你不死，你不死，你不死……"

他们约定彼此要活到老，老到走不动路了，穿上干干净净的衣服，一齐躺在床上，手拉着手离开。

冥冥中，他们都有预感。

三毛一直以为出事的那个人会是自己，她的噩梦越来越频繁，心绞痛的毛病如影随形，有时，看着海上夕阳，她会忍不住恐慌到落泪。

有一天，阳光正好，荷西还没下班，三毛独自洗了四床被单。家里没有洗衣机，这些活儿她习惯了自己动手。

晾好床单，正在放夹子的时候，她的心绞痛又犯了。家里没有人，三毛自己挣扎着下了楼，整个左手臂麻麻的，她连忙喝了一大口烈酒，躺到床上，不敢再乱动。

往常，每个中午她都会去工地一趟，给荷西送些点心或水果，黏在一起聊天。这天荷西等了许久，没看到三毛，他越想越不放心，穿着潜水衣便开车回来了。

看到病恹恹的她，他自然着急，三毛是满腔的心灰意懒，说出口的话仿佛交代后事："要是我死了，你一定答应我再娶，温柔些的女孩子好，听见没有——"

荷西气得骂她神经病。倘若三毛真有什么不测，他怎么可能还想着再婚？只怕是一把火烧了房子，在海船上漂到老死。

他只能一遍遍安慰三毛：这美丽的岛和她不合适，等做完第一期工程，他就不续约了，两人一起回加那利群岛的家。

这年秋天，陈嗣庆夫妇决定来欧洲旅行。收到消息的三毛精神一振，荷西也满怀期待，两人积极地准备着迎接工作，连月来的阴霾也消散不少。

为了给从未谋面的岳父岳母留下好印象，荷西积极地练习英文。他向三毛请教，等见了面，是不是应该叫陈嗣庆为“陈先生”。

三毛乐了，鼓励他叫爸爸妈妈，原来西班牙不称呼自己的公公婆婆为父亲、母亲，而是称呼某某先生、某某太太。荷西觉得难为情，他叫不出“爸爸妈妈”这样肉麻的字眼。

在马德里机场，三毛见到了阔别已久的父母，他们一起游玩了半个月左右，才转机飞往加那利群岛。

荷西请了假在机场等着。见到他们，他一只手抱住缪进兰，另一只手抱住陈嗣庆，当他发现没有手可以抱三毛时，就开口让她过去，四个人紧紧环在一起。

他很紧张，磕磕巴巴地用中国话喊“爸爸”，又喊了一声“妈妈”，然后手足无措地搬行李箱。

在这之前，荷西已经紧张得好几个晚上没有睡觉了，担心陈嗣庆夫妇会不喜欢他。事实上，陈嗣庆对这个女婿相当满意，无关经济和家世，他认为荷西和三毛是同一类人，他们兴趣相投，能够在普通而安适的环境里，把日子过得富有情趣。

荷西似乎感受到了陈嗣庆的喜爱，不到一个月，他们已经相处得很自如了。他会热络地和陈嗣庆称赞三毛，除了奇思妙想，“你的女儿是最优良的家庭主妇”；他会自然地在饭桌上向陈嗣庆撒娇：“爹爹，你跟Echo说，我买摩托车好不好？”他很早就想买一辆摩托车，但要通过三毛的批准。等买了摩托车，他会在下班后，载着陈嗣庆游览小岛。

这种甜蜜的家庭氛围，对荷西而言是新奇而陌生的。他在自己的家里并不怎么受重视，因为孩子太多，冷不防地多了一对中国爸妈，这让他动了生养孩子的念头。

等到机场送行时，荷西甚至比三毛还要舍不得。

他抱着缪进兰说：“妈妈，我可不喜欢看见你流泪！千万不要难过，Echo陪你去玩。”

陈嗣庆夫妇的计划是继续欧洲之旅，三毛一路陪同。荷西则计划到了1月份，就带三毛回台湾，去见见那个遥远而美丽的故乡。

小小的螺旋桨飞机徐徐上升，荷西跳过一个花丛，往高处跑，仍然不停地朝他们挥手，三毛也不停地回应，直到服务员示意她坐下。

谁都没有想到，这一别，便是永别。

世事真难料，人情总无常。

有时候，轻看了别离，一句再见都来不及好好说，转身之后就再也没有见过；有时候，郑重其事地别离，说了再见，就真的再也没有见，更叫人怅惘。

人的相聚别离，就像云的身不由己，云是被风推动着，无法驻足，人又是因为什么才生了离合悲欢呢？

倘若真的有命运一说，命运其实已经透露了端倪。

三毛的座位旁是一位太太，她看到荷西挥手告别的情形，和三毛聊了几句。最后，她递了一张自己的名片。

西班牙有个风俗，如果是守寡的女人，名片上就会在自己的名字后面，加上一句“某某的未亡人”。

这位太太刚好是个寡妇。

三毛盯着名片上的字，心里极其不舒服，那阵诡异的恐慌和心绞痛又来了。

两天后，荷西的死讯传来，她猝不及防地成了一个未亡人。

9月30日那天，荷西潜水捕鱼。谁也不知道发生了什么，这个优秀的潜水工程师，再也没有浮出水面。

当天晚上，三毛和父母火速赶回了拉芭玛岛。

打捞还在继续，尽管知道生还的可能性微乎其微，三毛还是忍不住抱着幻想，整夜向上帝祷告：“我用所有的忏悔，向你换回荷西，哪怕手断了、脸丑了，都无所谓，一定要把我的荷西还给我。”

这种等待是绝望的，每过一秒，多煎熬一分，即使这样，还是要祈求时间拖得再慢一点，再久一点，因为明知道等待的尽头是个坏结果。

荷西的尸体被捞了上来。

初见时，他是俊美如古希腊神祇的少年，而今最后一面，是肢体僵硬地躺在那里，面部肿胀，凄惨而难看。

杜鹃啼血，苌弘化碧，大概也就是这般的触目惊心吧，见者动容。

陈嗣庆担心女儿受不住，不肯让她见荷西的遗容，但他怎么拗得过三毛呢？她扑上去，凄厉地哭号着，一遍遍叫着他的名字，可是无人回应。

那天晚上，许多朋友赶过来，为荷西守灵，三毛拒绝了。

她要一个人陪着自己的丈夫，她始终相信他还没有走远。眼前的荷西盖着白色床单，只是睡着了，就像生前一样，他睡觉是最喜欢牵着她的手，有时候半夜翻了身，还会到处找她的手，她不能丢下他。

他才三十岁，她不过三十四岁，原以为还有半辈子的时间来蹉跎，谁知道恩爱转眼成空。

荷西的坟是三毛亲手挖的，她不要别人帮忙，一铲一铲的泥土，混合着眼泪和鲜血。墓碑也是三毛定制的，自己设计的十字架，自己写的铭文：“荷西·马利安·葛罗。安息。你的妻子纪念你。”

她安慰自己，荷西死在最热爱的海洋里，也算一种幸福。况且，他们当初在马德里是换过心的，荷西带走她的心，如今活在她身体里的，仍然是荷西的心。

可是，真到了葬礼那天，三毛还是崩溃了。眼看着朋友们抬走棺材，她失声痛哭，发了疯似的扑过去，紧紧地抱着棺材不肯撒手。陈嗣庆和缪进兰死死地拖住女儿，一边跟着掉眼泪，一边叫医生来，给三毛打镇静剂。

药剂的作用有限，并不能安抚一颗破碎的心，三毛痛不欲生，声嘶力竭地喊着：荷西回来！荷西回来！

荷西再也不会回来了，陪伴她的只有默默垂泪的父母。

荷西的妈妈和亲属也来了。参加葬礼后，婆婆和几个姐姐哭了一阵，吃了饭，急急忙忙地买了返程票，又急急忙忙地去买免税的烟酒和手表。

这让三毛始终无法释怀，在日后的采访和写作时，言语间多有怨怼。

本就没有感同身受这回事，可是三毛希望有人陪着她一起痛，痛得越深，越是不可或缺。父母不可能，他们与荷西只短短相处过，她以为婆婆可以，至少骨肉连心，不会比肝肠寸断的夫妻之情少痛几分。

做妻子的眼里，荷西当然是至宝，失了他，就像失了心魂，留下来的只是行尸走肉。而那些做至亲的人，竟然半分伤心也没有，她替荷西不甘，也更怜惜荷西孤苦，她早就发誓要给他家庭的温暖，如今却没有机会了。

刚开始的那几天，三毛不吃不喝，成天浑浑噩噩。起床后的第一件事，就是去墓园，守在荷西的坟前。

耳旁鸟鸣清脆，山风阵阵，海浪声隐隐；眼前草木葱茏，古老的小镇露出房顶，甚至还看得到荷西曾经工作的地方。这些，三毛都不关心，她只是痴痴地坐着，直到黄昏，直到守墓人怜悯地过来催促：太太，回去吧。

跟着她一起伤心的，还有陈嗣庆夫妇。他们实在不忍心女儿继续消沉，取消了欧洲的旅行，要带她回台湾。

三毛终于答应了。

是看到了父母的苍老，也是尝透了心痛的滋味，新的环境，或许会带来新的机遇，这未尝不是一种自救，总好过看着旧伤口溃烂。

临行前，她去墓园与荷西告别。

“我最后一次亲吻了你，荷西，给我勇气，放掉你大步走开吧！”

这并不容易。

她舍不下荷西，舍不下让他一个人孤零零地躺在黑暗里，隔着异国他乡，他在哪儿去握她的手呢？想到这里，三毛开始失控地大哭起来，一边哭，一边用双手挖着坟上的土，她要再见一眼河西，要陪他一起躺在地下，烂成白骨！

陈嗣庆夫妇强制性地将她带离了墓园。

很快，一袭黑衣的三毛，怀着悲痛，随父母回到了故乡台湾。

第九章　万水千山走遍，独自风前飘柳絮

“柳，叶青而狭长。初春生柔荑，粗如筋，长寸许，开黄花，鳞次荑上，甚细碎。以渐生叶，至暮春，叶长成。花结细子，如粟米大，扁小而黑，上带白絮如绒，俗称柳絮，随风飞舞。”

最无情，飘零柳絮。

它似花非花，白蒙蒙的，没有鲜艳的色彩，没有精巧的姿态，混混沌沌地飘着，好似一场三月雪，却没有雪的冰清玉洁。

它身不由己，随风而动，落在一江春水，落在深深春闺，落在鬓发衣间，撩乱人心，只得了轻狂的名声。

章台柳，章台柳，昔日青青今在否？

世人埋怨它攀折他人手，却忘了问一句，如果可以，它定会守在渭水河畔，长枝依依，雨雪霏霏，等待故人来。

第一节　送你一匹马

再回台湾，心情已是天差地别。

上一次，她是荣光满身的女作家，等候着鲜花和掌声，欢呼雀跃；这一次，她是心有戚戚的未亡人，泪不干，心已灰。

在机场一露面，闪光灯在不停地闪，各种尖锐的问题抛了过来。听到荷西的名字，三毛便受不了了，喊着："好啦！好啦！不拍了，求求你们，求求你们……"然后，用夹克盖住了脸，大哭起来。

三毛把自己封闭起来，连父母也走不进去。她甚至想到了死，在和父母聊天时，吞吞吐吐地提到了自杀。

缪进兰伤心地哭了。这个女儿自小就独特，她有操不完的心，有流不完的眼泪，偏偏也是这个女儿，过得最坎坷，过得最磕磕碰碰。

在家里，陈嗣庆是最了解三毛的，也是最纵容三毛的，这一回，他却毫不留情地斥责了她："如果你敢做出这样毁灭自己生命的事情，那么你便是我的仇人，我不但今生与你为仇，我世世代代要与你为仇，因为是——你，杀死了我最心爱的女儿——”

三毛泪如雨下。

为人子女，真是父母一辈子的债，甜蜜而负重，挣也挣不脱。三毛陷入了深深的为难，她摆脱不了荷西带来的伤痛和思念，但她也舍不得让父母活在随时失去女儿的恐慌里。

这时，琼瑶向这一家人伸出了援手。

荷西遇难后，台湾的朋友和读者纷纷致信和唁电慰问，听闻噩耗，琼瑶和丈夫第一时间给三毛发了电报：“Echo，我们也痛，为你流泪，回来吧，台湾等你，我们爱你。”

这微末的善意，对处在悲痛中的三毛而言，不亚于久旱甘霖。等她回到台湾，琼瑶又开始积极张罗着两人见面，其实三毛不愿意，她害怕把晦气带给别人，琼瑶和丈夫是多么恩爱。

在琼瑶的坚持下，三毛穿着一身黑衣，抱着一束鲜红的苍兰，容色憔悴地出现了。

她已经有很长一段时间食不下咽，因为母亲的苦苦哀求，才每天喝点流汁，神色又怎么会好呢。

她不说话，只是一个劲儿地哭，黑衣的前襟湿了又干。琼瑶也不逼她，默默地陪在一旁，递上一杯温热的茶水。

整整七个小时，琼瑶一直劝慰三毛：活下去，人生还有盼望。她知道三毛是重承诺的人，所以，她反复逼迫三毛点头，承诺自己绝不自杀。

那时的三毛是心力交瘁，甚至根本没有精力来应付琼瑶的步步紧逼，她只想快点逃回家，快点躲起来，但琼瑶不同意，铁了心要她给出承诺。

她压根儿不记得自己说了些什么，只觉得琼瑶的咄咄逼人是一种残忍，心不甘情不愿地点了点头。

琼瑶还是不放心，让她回家后，第一件事就是去找缪进兰，亲口说一遍："我不自杀。"

其实，如果一个人真的万念俱灰到极致，满心求死，说过的话也是可以不作数的。但琼瑶别无他法，只想抓住任何一丝可能，避免三毛沉入深渊。

三毛刚到家，琼瑶的电话就来了，追问她有没有对缪进兰说那句话。这番苦心，三毛也是明白的，哭着答应了，也一一照做。

这段昏天暗地的日子，三毛是和父母一起度过的。她住在家里，很少出门，几乎只在自己的房间活动，陈嗣庆夫妇在客厅看电视时，她也是不露面的。等到了深夜，大家都睡了，她会一个人呆坐在客厅，望着月亮出神。

"在这世上有三个与我个人死亡牢牢相连的生命，那便是父亲、母亲，还有荷西，如果他们其中的任何一个在世上还活着一日，我便不可以死，连神也不能将我拿去，因为我不肯，而神也明白。”

她是为父母而活着了。

熬到第二年的春天，三毛决定出门走一走，她把目光瞄准了东南亚，从泰国开始，至香港结束。

每个人都像一块底板，遇到的人和事，是最好的画笔，各自留下浓墨重彩的印记，有的淡雅如清风拂面，有的厚重到刻骨铭心，有的惨烈为陈年旧账。耿耿于怀的时候，只好希望有新的人、新的事和新的风景，能够成为新的印记，覆盖往日。

三毛把自己困在过去里，就像蚕把自己困在茧里，昏天暗地，浑浑噩噩，虚度时与日，而这次旅行，就像蚕茧里破开了一道小口，有春风悠悠吹进来，多少抚平了一些痛楚。

这时的三毛，自然不是当初那个拎着行李，独自去国离乡的少女，她走到哪儿都有掌声和追捧，身边还有摄影师随行。

大众的目光紧紧锁在她身上，关注她的情感生活，等待她的新作品，旅行途中的点点滴滴，都会即时反馈到报社和媒体，成为轰动一时的新闻。

三毛很快就厌倦了，尤其是旅行结束后回到台湾，各种饭局、演讲和座谈会的邀约源源不绝，她有些疲于应付。

有时候，太多的嘘寒问暖其实是一种打扰，受伤的人只想静静等待伤口愈合，而不是一次次地当众揭开伤疤，因为每重复一次，就是再受伤一次。

为什么要把自己撕裂得血淋淋，对外界展示？为了应付那些流于外表的问候，满足那些好奇心切的探究，还是照顾那些虚情假意的讨好？

三毛决定回到加那利群岛，那个孤零零的家，在相继失去了男主人和女主人之后，正殷殷地呼唤着他们归来。

是是非非太喧嚣，不如归去，独自听风吟。

1980年4、5月间，三毛离开台湾，开始一趟回归之旅。

瑞士、意大利、奥地利和马德里，熟悉的线路，记录了她曾经的青葱和莽撞。漫漫一路，人和事虽然变了，有些情感却是始终如初。

奥托依旧那么热情，带着妻子和儿女，全家出动，招待了这个远道而来的朋友。在他家里，三毛感受到了久违的温暖，他们围着通红的壁炉共享晚餐，无话不谈，奥托甚至邀请她留下来定居。

达尼埃依然那么贴心，深知三毛热爱旅游，特意带她跑遍了法国。

希伯尔依然那么知己，看到三毛在新加坡被读者簇拥得水泄不通的画面，他心里难过极了，知道她并不喜欢被挤来挤去。他邀请她到自己家里小住，把捡拾到的艺术品大方地转赠。

堂哥陈懋良依然那么文艺，在维也纳重逢，他成熟了，娶妻生子了，骨子里却依然是那个特立独行的少年。为了学音乐，他不惜和家里闹翻，撕了学生证，从学校退学，借住在三毛家，由陈嗣庆请家庭音乐老师来教导。小时候，他和三毛关系最要好，惺惺相惜，会偷偷送她毕加索的画册，如今，三毛送给他许多撒哈拉威人的石鸟。

婆家依然那么糟心，婆婆提防着三毛，担心她这次回来是要争夺荷西的遗产。好在妹妹伊丝贴热情活泼，她心疼三毛，鼓励三毛脱掉黑色丧服，穿上彩色春装，不要活在守寡的阴影里；二哥夏米叶与三毛本就是好友，这次见面，他买来一束很大很红的玫瑰，还帮助三毛偷走荷西的相册——那是婆婆看得很紧的宝物。

来不及洗去身上的风尘仆仆，三毛迫不及待地回到加那利群岛的家。

白色的房子依然静静地守在海边，浪声一阵赶着一阵，萋萋的荒草布满了周围。到底是久无人烟，往日热闹的家，只剩空寂的房子和屋外漂泊的海船。

三毛回家的第一件事，就是将家里家外收拾得焕然一新，可惜，即使家依然是那个家，爱人却不会再回来了。

从1980年5月到1981年夏天，三毛在荒芜的加那利群岛守了整整一年。

这不是什么诗意的隐居，一个黯然神伤的女人，活在爱的记忆里，故步自封，她出不来，别人也走不进去。

海潮来时，她在海边的礁石上听浪声，四周无人，只有点点灯火；星月起时，她在后院的凉亭吹风，坐在用树根制的凳子上；夜深无人时，她在客厅打开落地灯，拿出口琴，轻轻地吹一曲《甜蜜的家庭》。一个彩色斑斓的旧画架靠在墙边，一张书架堆满了书，尤其引人注目的是两张放大的照片：一张是荷西的单人照，一张是他们夫妻的合照。

回忆藏在屋子的每个角落里，一不小心就惊动了它们，可能是一道常吃的菜，可能是一本看过的书，可能是一部没有看完的电影。

天气好的时候，站在海滩远望，拉芭玛岛就在对面。那是不愿触及的噩梦，那是葬送幸福的地方，那是荷西的长眠之地，三毛不敢轻易触碰。

刚回加那利群岛时，三毛曾经鼓起勇气，飞往拉芭玛，那次故地重游，几乎让她心碎。

墓地的时间仿佛凝固了，生者尚且在尘世间为难，远走他乡，想要遗忘或重新开始；而死者是安然的，静静地等在原地，没有悲和喜，被想起来的时候，永远是撕心裂肺的那一刻。

但终究是过了那么久，墓地的草木青了又黄，黄了又青；去年鸣叫的那只鸟，今年似乎也没有回来过；荷西的墓碑已经腐朽，油漆涂写的名字，已经淡得看不见了。

三毛丢了手里的花，泪眼婆娑，哭倒在坟前。

曾经春闺梦里人，如今荒冢不相见。

哭过之后，她急急忙忙地下山，去五金店和文具店，买油漆、刷子和签字笔。一路上，她碰到以前的邻居和朋友，对方既惊讶又难过，热情地和她拥抱，三毛却没有叙旧的心情，沉痛和悲戚又添了几分。

她独自一个人，把墓碑和栅栏都重新刷了一遍，把墓碑上的字又细细地描了一遍，朱砂红艳，一笔一画，都仿佛在割着心头血。

那天，三毛还遇到了一个迁坟的太太。因为五年的期限到了，她必须把丈夫的遗骸迁出来，葬往别的地方。

工人们在行动时，那位太太始终泪流满面，根本没有勇气去看一眼丈夫的遗骸。三毛感同身受，心痛得无以复加，她无法想象有一天，自己也要面临同样的境地，荷西的遗容还历历在目，想到一次，就哀恸一次，更别提去面对那黄土白骨。

她便一趟两趟地往墓地跑，坐在荷西的坟前，一坐就是整天，悲痛欲绝也是一整天。

爱最暖人，爱也最伤人。

独居的日子，三毛把精力都放在修理庭院上，她卖了和荷西一起居住的那栋房子，另外搬进了一栋两层的小楼。

和以前每次搬家一样，她要重新给自己建造一个美丽的王国，只是这一次，没有了荷西的帮忙。过去那些搬东西、做家具、连电线的活，都是荷西干的，他不让三毛动手，而现在她只能亲力亲为。有时候，她太累了，躺在空空的房间里放声大哭起来，下意识地叫荷西："荷西，荷西，我再不能了。"

记忆其实比情感还牢固，有些我们放不下的过去，并不是它本身真的有多么缠人，而是关于它的记忆会时不时浮起，提醒你念旧。

对荷西，三毛在记忆里是越陷越深。

第二节　万水千山走遍

单身的三毛有许多位追求者。

有位相熟的男性友人，常常来探望三毛，陪她在海滩散步，陪她在暮色里闲聊。

他始终忘不了初次见到三毛的情景，她穿着白色棉布裙，长发披肩，在珠光宝气的酒会上，丝毫不显得局促，从容大方，让人心生欢喜。尽管他结了婚，但他还是鼓起勇气向三毛求婚了，他愿意放弃所有的财产，和妻子离婚。

三毛当然没有答应，她深深地知道，一个已婚男人的爱情是多么不靠谱。他们会千篇一律地控诉，家里的妻子只是责任，因为孩子才凑合过日子，而事实上呢，他们不过是嫌弃当初的红玫瑰变成了蚊子血，想要贪图一点脂粉的热烈和刺激。

有一天，三毛突然去这位友人家里拜访，见到了对方的妻子。从对方口里，她知道了，这其实是一个非常幸福的家庭。

她自然再也没有和这位友人联系。

这期间，台湾作家西沙也对三毛献了不少殷勤。他两次从英国飞往加那利群岛，但都遭到三毛的冷遇。有一次，西沙寄来了一张机票，邀她去英国旅游，三毛去取了机票，不过不是为了去英国，而是为了退票领钱。

她毫不避讳地把这些告诉西沙。对方黯然神伤之余，写了两篇文章，字字句句都是神女无心的遗憾。他小心翼翼地揣测，三毛是不是不喜欢外人来家里。

这多少有些自欺欺人的意思了。其实，岛上的日子漫长而苦闷，三毛是很欢迎朋友来拜访的。

有一次，好友丘彦明不远万里地来探望三毛，三毛欣喜不已，抱了一大束鲜花，早早地赶到机场，入住的房间也是早就收拾好了，是三毛精心布置过的。

她陪着丘彦明去海滩捡石头，画彩石；她们一起坐在窗前，唱起怀念荷西的歌；她还开车带丘彦明旅游海岛，一直开到北部小镇；她带着丘彦明去看了荷西的墓，在绿野明明的春天，静坐无言。

临别时，三毛一再地挽留，依依不舍的她把丘彦明送到了马德里机场。

朋友是三毛最大的精神慰藉了，但不是所有的痛苦都是朋友能排解的。有时候，她和朋友们相约去爬山或露营，就像从前荷西在的时候一样，欢乐当然是有的，但更多的是惆怅和苦闷。晚上躺在帐篷里，万籁无声，她会突然心情低落，什么玩闹的心情都没有了，为了不影响朋友们，她便一个人偷偷下车，开车回家。

那一路，该有多少无法言语的寂寞。

岛上的隐居生活只维持了一年。这年5月，三毛接到一通长途电话，台湾地区新闻部门驻马德里的代表邀请三毛回台北，参加1981年广播电视“金钟奖”的颁奖典礼。

三毛起初一口回绝了，放下电话，心里却开始动摇起来，她有些想念远方的父母了。等拨通家里的电话，听到母亲的声音，原来是计划和父母商量的三毛，一下子就做了决定，她在电话里脱口而出：“妈妈，我要回家了。”

陈嗣庆夫妇自然欣喜不已。

比起上一次回来时的追捧，这一次，三毛收获的目光有过之而无不及。到家一个月，三毛天天在餐馆和酒店应酬，几乎没有正儿八经地在家吃过一顿饭。

那些年轻的少男少女更是把三毛当成人生导师，许多大学都举办了三毛的文艺讲座，几乎场场爆满。学生们一见到三毛，立即前呼后拥，团团围住，对她端详，和她攀谈，找她签名，只差没有像外国人见了大明星一样，将衣服撕成碎片，带回去做纪念品……

当时的三毛被人称为台北的“小太阳”，人气之高，可想而知。

面对这烈火烹油的追捧，三毛开始躲。

她会在傍晚来临时出门，在孙中山纪念馆的广场上找个僻静的角落，一个人安静地滑旱冰。四周无人，夜色温柔地包裹住她，有种奇异的安全感，就像回到小时候，有个女孩沉默地远离人群，在院子的水泥上滑旱冰。

她会躲在家里不出门，有一次，陈嗣庆夫妇约她出门旅行。她拒绝了，送走父母后，她把防盗门一层一层地锁住，待在房间里，独自做针线活。

她会拒绝无休止的饭局，就连她生日时，亲朋好友为她准备的庆生宴，她也不愿意出席。最后，陈嗣庆夫妇只得陪同大家热热闹闹地吃了一顿饭，而主角没有露面。

不过，这次回来三毛也不是全无收获，她结交了许多同行的朋友，其中不乏社会名流。体育界名人纪政，就被三毛引为知己。

她们年纪相近，爱好也差不多，连鼻子过敏这个毛病都惊人的相同，每每碰面，总有许多话可聊。两人关系好得如同亲姐妹，三毛有一次在餐厅吃饭，尝到一种好吃的咸菜包，还特意打包了几个，给纪政送过去；当纪政得知三毛想要去南美洲旅游时，她立刻挺身而出，联系了《联合报》的负责人，由他出面，承担了旅游的全部费用，随行还安排了一个摄影师米夏，给三毛做助手。

就这样，平静如水的生活被打破了，三毛从台北启程，开始了为期半年多的中南美洲旅行。

这次旅行和以往都不同，这是一次赞助式的旅行，她不必考虑经费，随心所欲地去自己想去的地方，她只需把随行的感想反馈给报社。

这是一次边走边看的观光之旅，也是一次边走边写的创作之旅。

整个台湾都关注着她的足迹，醉心着她的只言片语，那是一片全新的世界，那是到不了的诗和远方。

她的笔下有墨西哥的大蜥蜴之夜。朋友约根热情地款待了三毛，让她入住自己美丽高贵如博物馆的家，留给她的房间也是特别布置过的，连床单都是特选的软毛皮。可惜三毛并不领情，面对约根安排的饭局、博物馆参观、放荡而阔气的酒宴，她拒绝了，宁可自己坐着公交车去城市里的角落游荡。

她的笔下有厄瓜多尔的印第安村落。这里住着纯血的印第安人，三毛借住在一户农家里，她每天堆玉米叶，汲水，纺线，吃玉米饼，喝麦片汤，喂猪……她完全把自己当成了本地人，甚至深信自己的前世就是印第安姑娘“娃哈”——那是一个凄美的印第安传说。“娃哈”是“心”的意思，她是战争的受害者，曾祖父和父母都被印加人抓走，族人也都遇害了，被挖了心脏，投入大湖，那湖后来就叫娃哈湖。村民禁止吃湖里的鱼，因为那是祖先的心脏，但娃哈却触犯了禁忌。她嫁给了一个英俊的猎人，在怀孕时想吃鲜鱼。猎人深爱妻子，偷偷去湖里捕捞，结果触怒了村民，他们说娃哈必遭报应。果然，在一个寒冷的夜里，娃哈死于难产，猎人抱着她的尸体痛哭。

她笔下有洪都拉斯的青鸟大巴士。这是个穷苦的国度，但偏偏取了“青鸟”这样富有希望和诗意的名字，每当三毛坐在大巴士上，穿过这个城市，能清楚地看到所有人的挣扎：小摊贩巴巴地等着顾客，流落街头的人在打瞌睡，讨钱的乞丐追着人叫唤，偶尔也有几个衣着整齐的人从大教堂里走出来。

这些或瑰丽或落魄或新奇的经历，都透过三毛的笔，由《联合报》发表，传递给每个读者。

1982年5月，三毛结束了她漫长的南美洲旅行，回到台湾。

《联合报》以不容小觑的热情欢迎了这位游客的回归，他们特意在孙中山纪念馆，为三毛举行了一场专题演讲会。

这堪称台湾文艺界的盛事，年轻读者把纪念馆围得水泄不通，人山人海。三毛要进场时，都被堵在了外面，在工作人员的帮助下，才左冲右突地进入会场。

她穿着一身印第安人的服装，绘声绘色地讲了这一路的见闻，多姿多彩的故事，加上形形色色的照片，惊艳了在场的所有人。

对读者来说，这是一次饕餮盛宴；对三毛而言，这是一次探险，但也伴随着种种不适。

只有流浪的人才知道，在路上是多么身不由己的选择，沿途的风景在召唤，孤独、寂寞、老病却也如影随形。就像只有漂泊的云才知道，在风里是多么有苦难言的折磨，云卷云舒看似随性，其实每时每秒都在被操控，不能停留，无法停留。

走了太久，倦飞的鸟儿也想回家歇息，三毛答应了文华学院的邀请，到母校任教。

多年前，她给校长写信，成全了一个沉默少女的求学梦；如今，她接受校长的邀请，燃烧一个性情作家的火光，点亮旁人。

命运看起来似乎绕了一个圈，又回到原点，又回到了华冈山的文华学院。

开学之前，三毛回了一趟加那利群岛，去看了荷西的墓。

这大概是一次无声的告别吧。如果说，之前三毛还有过在海岛孤老的念头，在过去一年的隐居生活之后，她已经另有打算。台北始终是她的根，是一个游子的羁绊，加那利群岛的家，没有了荷西，不过是一个牢笼，囚禁她在痛楚与苦闷里。

她与这个世界的联系只是荷西，既然荷西离开了，在哪儿对她而言都是一样的，那还不如留在台湾，因为那里还有父母。

三毛是一个好老师。

身为一个当红女作家，她的课座无虚席，盛况空前，简直可以用轰动来形容。原本容纳一百五十多人的教室，结果来旁听的人挤满了走廊，大家都赶着来一睹女作家的风采。

人数虽然多，三毛教得却很细致，四个小时的课，她备课要耗上六七天，绝不偷懒。学生们听得认真，也听得感兴趣。她一贯会讲故事，连陈嗣庆都曾经取笑女儿：可以去说书了。

她最得意的是讲《红楼梦》和《水浒传》，她自己喜欢，讲来滔滔不绝。有学生如醍醐灌顶，回去后写作文，写了两千四百多字。三毛细心修改，评语竟然就有两千三百多字。

三毛的教师生涯终止于一场大病，她的身体状况已经很不乐观。1984年的春天，她不得不前往美国手术。

第十章　至今意思谁能说，一片春心付海棠

“海棠有数种，贴梗其一也。单叶，缀枝作花，磬口深红，无香，不结子。新正即开，但取其花早而艳。”

古人喜欢以海棠来比喻美人，花开似锦，虽鲜艳夺目，却丝毫不见媚俗。若是三月春好，风和景明，它言笑晏晏，有嫣然之态，真真是二八少女，颜色嫩，气质娇。

唐时，杨贵妃醉酒，鬓乱钗横，酡颜娇态，由侍女们扶着去见明皇。明皇笑着称赞：“哪里是贵妃，分明是一枝海棠没有睡醒呢。”

海棠实在美，但始终是比不了杨贵妃的活色生香。

人生三恨，海棠无香。

事事难求圆满，人间多半遗憾。

第十章　至今意思谁能说，一片春心付海棠

第一节　橄榄树

从美国养病回来，三毛告别了讲台。

比起一个教书育人的老师，显然，作家的身份似乎更适合她。三毛的可贵之处在于她天生的艺术敏感，对生活和人事，有一种本能而直觉的敏感，如同捕风，这对老师而言不是必需的，对作家而言却是必需而又可贵的。

她的教书生涯，更像一场分享，分享她所捕捉到的微末和美，而不像一种教授，教授方法与可行性。

她的天赋用来写作，才是点石成金的事。

三毛大概也意识到了，加上身体的原因，她渐渐把重心都放在了写作上。

她不接电话，不看报纸，不出门，几乎所有的时间都用来写作，有时候连吃饭和睡觉都顾不上。有一次，她疯狂地写稿，坐在地上的垫子上，有七天七夜没有合眼，等停笔的时候，整个人已经虚弱得说不出话，眼角一直流着泪水，浑浑噩噩地问缪进兰：“今天几号？”

孱弱的她很快被送往医院。

缪进兰心疼之余，又忍不住生气，她把三毛叫作“纸人”，只要写作，整个人就陷入出神状态，一声不吭。

这还不够，三毛嫌弃家里人多口杂——喧闹是不利于作家写作的——特意搬进了母亲在民生东路买的一所小公寓。

缪进兰每天去给女儿送饭。很多次，那扇铁门紧紧关闭着，她进不去，只好把饭盒放在门口，一步三回头地离开。有时，第二天去送饭时，昨天的饭盒依然纹丝不动地留在门外面，显然没有人动过。

她急得立刻拍门，脑海里浮现种种可怕的念头，唯恐女儿会出现不测。她有时愁得头发都要白了，不知道为什么好好一个人，要放弃那么多人生乐趣，一头扎进文字里面。

即使是母亲，或许也不能理解女儿。写作其实更像是在燃烧自己，耗尽心血，熬出一两个字眼，痛自己所痛，很难和他人言语。灵感来的时候，如同好友的意外造访，欣喜之余，忙不迭地嘘寒问暖，了解彼此近况，根本顾不上口腹之欲；有时候没了灵感，就像迷路的人在迷雾里打转，越心急越彷徨，困在那一方天地里。

三毛的写作是在呕心沥血，而出版社的约稿是与日俱增，她需要同时写《倾城》《谈心》和《随想》，还着手翻译十二万字的《刹那时光》。不仅如此，她还在尝试写歌词，与滚石唱片公司合作，签下了一整张唱片的歌词。

这并不轻松，三毛的歌词竟然被全部退了回来，打破了她从未被退稿的纪录，她不得不打起精神来重新写。

可以说，从1984年到1985年，三毛就是一个写作疯子。

高强度的工作和睡眠不足，让三毛的身体每况愈下，尤其是记忆力大不如前。有一次，她去医院探望生病的缪进兰，出了医院门，竟然想不起家在哪儿了。

孱弱的她不得不再次飞往美国疗养。

这年7月，三毛回台湾不到两个月，又风尘仆仆地赶往加那利群岛。已是两年多未见，这次，她是来整理房产，彻底与过去告别的。

三毛在台北买下了一栋住宅，和以往一样，她要打造一个独属于自己的小天地。

屋子里的家具都是木头的，树墩椅子、木头碗筷、木刻娃娃……放眼望去，这些木器朴拙而又赏心悦目。屋子外都是杉木，枝叶扶疏，藏着深深浅浅的鸟鸣，置身其中，就仿佛在丛林里隐居。

屋子里的布置也是精心挑选过的，都是三毛喜欢的：锯掉柄的雨伞用来做灯罩；牛车轮子稍微装饰一下，就是舒适的椅子；尼日利亚的皮鼓也是绝好的工艺品。

为了这个新家，三毛不得不动了卖房子的念头。既然决定了定居台北，加那利群岛是不会再回的，那栋房子自然也是不会再住的，刚好可以换银钱来应急。

房子半价卖给了邮局工人，那满屋子的宝贝则送给了朋友们，书、维纳斯石像、木琴、羊皮鼓、沙漠玫瑰石等，都带着过往的记忆，一一找到了新主人。尤其是荷西最爱的那辆白色汽车，那是他们曾经的恩爱时光，去过沙漠，行过高山，听过海涛，每一寸地、每一个角落里都堆积着尘灰和回忆。这辆车没有办法运走，三毛只能忍痛割爱，把他送给了一个做泥水匠的朋友。

朋友们都舍不得这个热情善良的老朋友，尤其是邻居的小姑娘奥尔加，她抱着三毛不肯撒手，希望她能留下来。

三毛伤感地挥挥手，告别了波涛阵阵的海滩，告别了这一群相熟的老邻居。

她再也没有回来过。

回到台湾，三毛仍旧和父母住在一起，新家只是她偶尔静坐沉思的地方，待上一会儿，然后锁了门，陪在父母身边。

有时候，她也出门走动，去小县城散心，收集一些有趣的民俗艺术品。脏兮兮的旧脸盆，丑丑的腌菜坛子，盛水的木板桶，这些都是她喜欢的宝贝。

有一次，三毛在台北县的某个小村子，遇到一条大黑狗，她竟然瞧上了那条狗吃食用的碗。想来想去，她花钱买了一个全新的大海碗，偷偷换走了那只旧碗。

还有一次，她淘到一个朱红的鸟笼，爱不释手地挂在家里，里面还放了个小丑。朋友见了，既纳闷又好笑，三毛振振有词地解释："难道——你，你的一生，就不是生活在笼子里吗？偶尔半个身子爬了出来，还算幸运呢。"

或许，她是把自己当作了那个失去自由的小丑，而滚滚红尘，就好似那只精巧的笼子，美丽却要付出昂贵的代价。生活中当然也有舒心的时刻，在三毛看来，不过是偶尔从笼子里爬出来半个身体。

为了缓解自己的苦闷，三毛也会参加一些文艺活动。

1985年初，她前往新加坡，在"新加坡华文文艺金狮文学奖大会"上，结识了大陆作家秦牧、萧乾、姚雪垠等。

文学的碰撞，引来一场火花四溅，几个人彼此惺惺相惜。

会后，新闻报纸上刊登了一张三毛和秦牧的合照，他们低头细语，三毛还给秦牧递了一张字条。照片的标题显目而吸精："三毛和秦牧说了什么？你看他们笑了。"

三毛那张字条写的是"听君一席话，胜读十年书"。

这似乎是个好兆头，此后，三毛渐渐地情牵大陆。

三毛：我需要最狂的风，和最静的海

1987年，台湾地区与大陆开始通行，部分居民可以回大陆探亲了。消息一出，许多老兵和移民都喜极而泣。

当年战火连天，陈家是从重庆一路迁移，最后不得已远渡重洋，来了台湾。尽管三毛那时还是幼童，但她依然怀着深深的乡情，甚至比父亲陈嗣庆还要激动。

三毛的第一次大陆之旅开始于上海，目的是去见一见漫画家张乐平，她始终记得，那本《三毛流浪记》温暖了整段童年岁月。

她通过在湖南《长沙日报》工作的外甥女，得到了张乐平的地址，于是，给对方写了一封情真意切的信。

乐平先生：

我切望这封信能够平安转达您的手中，在我三岁的时候，我看了今生第一本书，就是您的大作《三毛流浪记》。后来等到我长大了，也开始写书，就以“三毛”为笔名，作为您创造的那个三毛的纪念。

八十多岁的张乐平已经缠绵病榻，但仍然亲自口述，由旁人代写了一封回信。

一老一少的两人开始书信来往，三毛还认了张乐平做爸爸。等三毛飞往大陆后，她迫不及待地去上门拜访爸爸。

张乐平不顾生病的身体，拄着拐杖，带着家人，站在家门口，等着这个远方的女儿。看到他，三毛一把冲过去抱住，泣不成声地呼唤“爹爹，我回来了……”

她准备的礼物是一本自己的新书《我的宝贝》，张乐平则送给女儿一套涤卡中山装，这是三毛特意提过的，她喜欢这种过了时的服装。

这对父女相处得很好。三毛吃住都在张家，白天和家人一起出门，去龙华寺逛逛，去周庄转转，去大观园走走。有时她也一个人去溜达，在农贸市场逛得兴致盎然；偶尔一头扎进小理发店，剪个新发型；碰到玩乐的小孩子，她会笑嘻嘻地加入，跟着一起跳皮筋。

短短五天，三毛和张乐平一家结下了深厚的感情，此后的几年，三毛又先后来登门，上海成了她的第二个家。

大陆之行的第二站是浙江，三毛回到了久违的故乡。

说故乡其实并不确切，三毛在重庆出生，并没有真正踏上那片土地，但父亲陈嗣庆生于斯、长于斯，陈家的祖辈和亲人都还在那里生活。

亲友见面，三毛眼泪汪汪，当记者提问“请问您四十多年后初到故乡，此时此地，有何感想”？她忍不住感慨：“好像是梦中，不信是真的！”

她像所有中国传统女性一样，去祠堂祭拜祖先，在列祖的排位前，磕头上香。她还特意去给祖父陈宗绪上坟，在坟头上抓了一把土，装进事先准备的麦秆小盒子里。在三毛眼里，故土是最珍贵的东西，人在他乡，思的便是这一方水土。

不仅如此，三毛还在祖屋的老井里，装了一瓶水，她想把故乡的味道都带回家，带给远在台湾地区的亲人。

如果说这一趟主要是探亲，那么，三毛在1990年又先后两次来大陆，就是实实在在的旅行。

她计划的路线很长，从敦煌的羽化飞天，到嘉峪关的长河落日；从西安的巍巍宫阙，到江城的滚滚长江；从上海的灯红酒绿，到杭州的断桥残雪……山南海北，荒漠繁花，她都想看一遍。

第二节　滚滚红尘

提到三毛的三次大陆之行，就不得不提她和“西北民歌之父”王洛宾的一段旧事。有人说这是君生我未生的遗憾，有人说这是神女有梦而襄王无心的狗血，也有人说这是吹皱一池春水的逸闻，孰是孰非，大概只有遥远盛开的桃花知道。

王洛宾为人熟知的是那些歌词作品，《在那遥远的地方》

《达坂城的姑娘》《掀起你的盖头来》《半个月亮爬上来》等，都是那个年代耳熟能详的。三毛小时候也是听过这些歌的，尤其是“在那遥远的地方/有位好姑娘/人们走过她的帐房/都要回头留恋地张望”，如诗如画，画面美好得让人向往不已，也让她生出了流浪新疆的念头。

1990年，春寒料峭的乌鲁木齐迎来了一位独特的客人。

三毛穿着一身黑红色格子毛呢外套，海藻般的长发披着，笑容满面，仿佛久别归来的故友。

王洛宾此时已经是七十多岁的老人，但这丝毫不折损他的魅力。这个享誉南北的才子，曾经因为抗日斗争而入狱，在狱中写下诗意的歌；也曾经在妻子的坟前，抱着吉他，深情地弹唱一支歌，诉说一曲衷肠。

钢骨与柔情并济，浪漫与哀婉同歌，这分明是另一个三毛。

他们一见如故，无话不谈，三毛还主动为他唱起了自己作词的那首《橄榄树》。

这种相交，就像在夜路里独自前行，一个人走了太久，身披风雪，即或有片刻的欣喜与荣光，也无人可说。猝不及防地，前方有背影闪现了，你拔腿追上去，即使两人去路不同，即使来人来路各异，但初初相逢，已是金风玉露。

回到台湾后，三毛抑制不住激动之情，将这次会面写成文字，《中国“西北民歌之父”王洛宾一鞭钟情》和《在那遥远的地方找到了原作者》两篇作品先后在报纸发表，一时竟引来大众的热烈追捧，他们津津乐道着两位文艺大咖的逸闻趣事。

王洛宾投桃报李，为三毛写了一首歌：“是谁在敲门，声音那样轻，像是怕惊动主人。打开房门顿吃一惊，原来是一位女牛仔。模样真迷人——镶金边的腰带，大方格的长裙，头上裹着一块大花巾，只露着滴溜溜的一双大眼睛……”

歌词寄到台北，三毛很喜欢，尽管相识的时间不长，王洛宾却眼光锐利，抓住了她生活中的细枝末节，比如那些习惯性的小动作。

如果没有用心，肯定不会留意，这种明心见性的关注似乎并不让人讨厌，甚至让人欣慰，多少有些惺惺相惜的意思。

没多久，三毛在给王洛宾的信中透露了自己的心意。在外人看来，王洛宾不过是个耄耋之年的老头子，年轻时代的传奇与张狂已成过往，但在三毛看来，这依然是一个有趣而深刻的灵魂。

她无法不爱他，并且她深信，他的灵魂依然年轻，能够彼此呼应。

短短三个月里，三毛前后写了十五封信。

星火可燎原，一发不可收拾。王洛宾不是没有感觉到，但他内心有更多的彷徨，在给三毛的回信里，他把自己比喻成萧伯纳的破雨伞，尽管日日和主人同进同出，但它已经失去了遮风挡雨的功能。

他不是懦弱，是明珠当前，自觉鄙陋。

怎么看，这都不是什么男才女貌的佳话。他垂垂老去，她风华正好；他有过鹣鲽情深，她也有过相濡以沫；他的好感绝口不提，她的仰慕燃烧如火。

收到回信，三毛显然并不满意，她再度飞往乌鲁木齐，这一次，她直接住进了王洛宾的家里。她还特意穿上藏族的裙装，风情迷人，一如歌曲《在那遥远的地方》里，那个言笑晏晏的姑娘。

有时，她和王洛宾一起骑车出门，看看风景，探访亲友，或者只是去市场买菜。回了家，三毛亲自做饭煮菜，王洛宾则在一旁陪着聊天或者弹琴。

很难定义这是知己相惜，还是爱人相守，或许，相互慰藉的成分更多。只有同样受过伤的人，才知道怎样给对方安慰，不是口头上的感同身受，而是实实在在的同病相怜。

这时的三毛虽然荣光等身，备受追捧，但精神世界是一往无前而孤独的。她突然搬出了父母的家，住进自己布置的公寓，连招呼也没有打，只默默留了一封信，陈嗣庆这才后知后觉，原来女儿一直怀着不为人知的苦闷。

当三毛把从故乡带来的一瓶水和一盒土送给父亲时，她热泪盈眶，认为自己做了一件意义重大的事。落叶归根，游子思乡，这是她精心准备给父亲的礼物，但陈嗣庆没有她想象中的激动，只是默默地接过水和土，甚至没有和她深入聊聊的意图。

当三毛拿出在大陆拍的照片，打算和兄妹们分享所见所闻时，他们似乎并不热衷，也不理解。小弟弟笑着调侃：“小姐姐最爱祖国。”

于是，三毛一声不吭地搬走了，还偷偷拿走了父亲的那瓶水和那盒土，或许她觉得父亲并不理解它们的可贵，更谈不上珍惜了。

王洛宾的出现恰逢其时，他们聊得来，即使在年纪、生活习惯、性格上有差异，也能相互理解，这对三毛而言是难能可贵的。

令人遗憾的是，这段亦师亦友的交往没有维持很久，有人说是王洛宾自作多情，误会了三毛的示好；也有人说，是媒体无孔不入的报道和大众猎奇的窥探，终止了两人的来往。

孰是孰非本难断，红尘滚滚自多情，倘若理得清，也不会让人如此惘然。

细细想来，三毛在大众面前展露出来的，向来是洒脱率性的一面，还有几分浪漫和迷人。事实上，谁没有鸡毛蒜皮的烦恼呢，再清高的人也是在世俗里打转，做不到超凡脱俗。

三毛当然不例外，她不是完美的，也有遗憾，也有犹豫，也有错过，也有遇人不淑，也有所有平凡人会有的缺点。

1990年，三毛创作了一生中第一部电影剧本《滚滚红尘》。

剧本是香港导演严浩再三邀约才写的，三毛自小就喜欢看电影，对娱乐圈却没有什么好印象，导演约了她不止一次，都遭到了她的婉拒，甚至连秦汉、林青霞等人的游说也不管用。

好事多磨，正是和秦汉、林青霞的这次聚会，三毛喝醉了，踉跄着从楼梯上摔下来，断了三根肋骨，不得不住进医院。

在一个多月的养病时间里，她躺在病床上写出了手稿，这就是《滚滚红尘》的剧本初稿。故事以张爱玲和胡兰成的一段旧事为雏形，儿女情长，也不乏革命热血。

导演看完后大受感动，立刻投入拍摄，主演就由秦汉、林青霞担当，这是当时最耀眼的一对金童玉女。三毛自己也瞧中了一个角色——剧中的女二号，可惜导演拒绝了，他找来了风情万种的张曼玉。

三毛心里是不快的，她认为导演之所以选用张曼玉，是贪图美女效应，总之，是为了票房，而不是自己不具备演艺功力。

对三毛来说，这无异于一种魅力的否定。她在这部电影上耗尽心力的，不仅积极地协同导演设计镜头，还随行跟着剧组拍摄，去外地取景，吃住都和演员一样。她甚至比演员更辛苦，还要忙着宣传活动，她曾经在七天之内，接受了二十八次采访，上了八次电视，更别提那些大大小小的应酬。

忙起来的日子，她连三餐都顾不上，饿了就胡乱吃几口饼干，有时候累得晕倒了，涂点万金油，醒了继续工作。

爱恨断不了，名利放不下，《滚滚红尘》走的是雅俗共赏的风格，无奈票房仍旧不理想，仅仅六百万港元。

这个成绩并不漂亮，更让三毛面上无光的是，在同年“金马奖”的评选中，《滚滚红尘》斩获了最佳导演、最佳剧情、最佳女主角、最佳女配家、最佳摄影等八个奖项，连音乐、摄像、造型设计等都榜上有名，但独独缺了三毛的最佳编剧奖。

三毛大受打击，在庆功晚会上情绪低落，众人高兴地在合影，她却落寞地坐在一旁，说：“你们都得了奖……”

投资人徐帆还记得，她上台领奖时，为三毛说了一句“如果没有最佳编剧，亦不可能有最佳的电影”，下台后，三毛搂着她热泪盈眶，大呼自己很感动。

一向以逃离红尘自诩的她，也避不开红尘的纷扰。

在金马奖结束后的很长一段时间，三毛都情绪低落。她的第二部电影剧本计划，是改编白先勇的短篇小说《永远的尹雪艳》，拟名“再度携手”。

可惜，这部电影再也没有问世之期了。

1991年1月2日，下午四时三十分，三毛住进台北荣民总医院。两天后，她自缢于医院的卫生间里，用一条咖啡色长丝袜结束了自己的生命。

谁也不知道悲剧是怎么发生的，太突然，也太震撼，毫不夸张地说，整个台湾都陷入了悲痛。所有报纸都刊登了三毛的死讯，一时间竟压倒了国际要闻——“海湾战争”。

三毛的父母最为悲痛，尤其是缪进兰，她已身患癌症，却生生遭受着白发人送黑发人的肝肠寸断。

缪进兰想不通女儿为什么选择这条路。三毛的住院，是要清除掉子宫内膜肥厚部分，仅仅十分钟，手术也很顺利，医院甚至安排了她1月5日出院。

三毛的表现也没什么异常，她主动安慰陪护的父母：“我已经好了，没有病了，你们可以回家了。”

缪进兰夫妇离开了医院，他们没有想到，这竟然是永诀。

当天晚上，三毛曾经打过电话给家里，她凄凉地对缪进兰说："那些小孩又来了。"她似乎有些精神衰弱，总是听到医院里有孩子的笑闹声，他们围着三毛的病床蹦蹦跳跳。

三毛急切而含糊地说了一大串，缪进兰没有听清，也没有当一回事，关于小孩子的幻象，他们之前也聊过。她只好安慰女儿："也许是小天使来守护你呢。"

直到晚上十一点多，三毛的病房里依然灯火通明。值夜班的工作人员发现了，但这也是常见的事，她的睡眠状况很不好，曾经要求工作人员不要在夜间打扰。

第二天清晨，清洁工在七点左右推开三毛的病房门，像往常一样来打扫，没想到她却成了悲剧的首位见证者。

警察和家属很快赶过来了。三毛穿着白底红花的睡衣，被平放在床上，眼睛微微张着，却再也看不到这个世界的花红柳绿。

后　记

林花谢了春红、太匆匆，无奈朝来寒雨晚来风。

不管外人如何唏嘘，三毛是幸福的。

每个人的一生都是进行时，是正在上演的电影，她自己叫停了，在她认为合适的时候，不受羁绊，不念前尘，不顾后路。

有人说，她是困于情伤；有人说，她是流浪太久，太累了；有人说她是和自己、和生活挣扎的勇士，最后输了。

真相到底是什么，有什么要紧呢？生命只此一次，她不愧于自己就好，她是她故事的主笔。

这个传奇的女子，也曾是桃花满野，也曾是大雪落梅，也曾是莲子心苦，也曾是海棠闹春，也是柳絮无根……

女子如花，花似梦。

好在她留下了那些故事，那些嘤嘤有声的文字，重温便是一次重逢。

三毛的文学生涯，大致可分为三个阶段：雨季文学时期，主要是三毛二十二岁以前的作品，代表作《雨季不再来》，表现了一个少女的悲苦、忧郁和迷惘。沙漠文学时期，是三毛第二个创作季节，也是她最辉煌的时期，代表作有《撒哈拉的故事》《稻草人手记》《哭泣的骆驼》和《温柔的夜》等。它记录了三毛在撒哈拉沙漠和海岛的生活，风格偏向于明朗、浪漫和诙谐。都市玉冰文学时期，是三毛定居台湾直到离世期间的创作，代表有《梦里花落知多少》《万水千山走遍》和《送你一匹马》等，呈现出一种寂寥、落寞、婉丽和悲凉。

从文学成就来看，三毛的巅峰是在以《哭泣的骆驼》为代表的沙漠文学时期，此后她试图转型，但不管是从题材上还是笔力上，都开始走下坡路。

对一个作家而言，这是致命的痛苦。

游山赏水，这是三毛出世的一面；文通残锦，这是三毛入世的一面。当这两者矛盾而纠缠时，痛苦便如影随形。

痛才自省，苦而品甘。或许，这是重读三毛的意义。